만만하게 시작하는
알파벳 영어 첫걸음

만만하게 시작하는
알파벳 영어 첫걸음

2016년 3월 15일 01쇄 발행
2025년 3월 15일 37쇄 발행

지은이 이서영
발행인 손건
편집기획 김상배, 홍미경
마케팅 이언영
디자인 김선옥
제작 최승용
인쇄 선경프린테크

발행처 **LanCom** 랭컴
주소 서울시 영등포구 영신로 34길 19
등록번호 제 312-2006-00060호
전화 02) 2636-0895
팩스 02) 2636-0896
홈페이지 www.lancom.co.kr
이메일 elancom@naver.com

ⓒ 이서영 2016
ISBN 979-11-87168-01-0   13740

이 책의 저작권은 저자에게 있습니다. 저자와 출판사의 허락없이
내용의 일부를 인용하거나 발췌하는 것을 금합니다.

문자·발음부터 기초 단어와 패턴 훈련까지 왕초보를 위한 영어 첫걸음의 모든 것

만만하게 시작하는

이서영 지음

알파벳 영어 첫걸음

LanCom
Language & Communication

이 책의 구성 및 특징

알파벳 쓰면서 익히기

영어 알파벳은 **26**글자로 각 글자마다 이름과 소리(**sound**)가 따로 있습니다. 여기서는 알파벳의 이름은 물론 대문자와 소문자를 쓰기 순서에 맞춰 정확하게 쓸 수 있도록 구성했습니다. 또한 소릿값은 제시된 **4**개의 단어를 그림과 함께 보면서 발음을 익힐 수 있도록 했으며, MP3 녹음에는 원어민이 천천히 또박또박 읽어주므로 큰소리로 따라서 반복하여 학습하기 바랍니다.

발음 소리내어 익히기

파닉스(**phonics**)란 발음을 중심으로 어학을 학습하는 방법입니다. 즉, 문자가 가지고 있는 고유한 소리를 익히고 그 소리를 조합하여 단어를 읽는 규칙입니다. 한글에서도 각각의 낱글자가 조합되어 하나의 음절을 이루듯이 영어 또한 이러한 원리를 가지고 있습니다. 이런 파닉스의 원리를 제대로 이해하고 익히면 발음기호를 보지 않고도 단어를 읽을 뿐만 아니라 단어도 빠르고 쉽게 습득할 수 있습니다. 물론 사전을 찾아보고 정확한 발음을 익히기 위해 우리가 지금까지 배웠던 발음기호도 함께 다루었습니다.

PART 3

주제별로 단어 익히기

여기서 제시한 단어들은 영어 학습을 하는 데 있어서 기본적으로 반드시 알아야 할 단어이므로 한눈에 익히기 쉽도록 일상생활에서 쉽게 접할 수 있는 단어를 주제별로 엮었습니다. 영어 발음은 일단 굳어지면 여간해서 고치기가 어려우므로 처음부터 올바른 발음을 접하는 것이 중요합니다. 원어민의 발음을 몇번이고 따라 들으면서 자기 것으로 만들도록 합시다.

PART 4

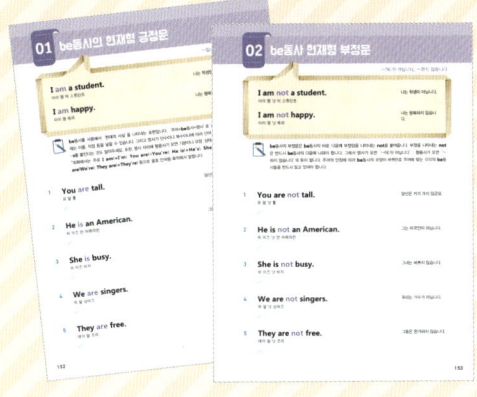

문장으로 영어 익히기

여기서는 영어 문장을 이해하고 만드는 데 꼭 필요한 기본적인 문법 사항만 정리해 두었습니다. 자세한 문법 사항을 제시하기보다는 기본적인 개념을 문장을 통해 습득하고 활용하는 데 도움이 되는 사항에 중점을 두었으며, 반복되는 단어를 가지고 계속 변형된 문장을 만들어 봄으로써 다양한 문장 유형들을 빠르게 익힐 수 있습니다.

이 책은 단순히 알파벳 펜맨십이 아닙니다. 알파벳은 물론 파닉스와 주제별 단어를 통해서 영어 단어를 빠르고 쉽게 읽고 쓰기를 완벽하게 할 수 있도록 구성된 책입니다. 또한 랭컴출판사 홈페이지(www.lancom.co.kr)를 통해서 무료로 제공한 MP3 파일에는 원어민의 정확한 발음을 들을 수 있습니다.

차례

PART 1 · 알파벳 쓰면서 익히기

A ~ Z 12

PART 2 · 발음 소리내어 익히기

01 단모음 Short Vowels 58
02 장모음 Long Vowels 60
03 이중모음 Double Vowels 62
04 자음 Consonants 71
05 이중자음 Double Consonants 79
06 묵음 Silent Syllable 88
07 자음을 나타내는 발음기호 Consonant 93
08 모음을 나타내는 발음기호 Vowel 96
09 영어의 악센트 Accent 99

PART 3
주제별로 단어 익히기

01 사람과 물건, 방향을 가리키는 단어	102
02 색깔과 모양을 나타내는 단어	104
03 수를 셀 때 쓰이는 단어	106
04 순서와 날짜를 나타내는 단어	108
05 달과 계절을 나타내는 단어	110
06 요일과 때를 나타내는 단어	112
07 신체를 나타내는 단어	114
08 가족을 나타내는 단어	116
09 거실에서 볼 수 있는 단어	118
10 침실에서 볼 수 있는 단어	120
11 부엌에서 볼 수 있는 단어	122
12 옷과 장신구를 나타내는 단어	124
13 도시에서 볼 수 있는 단어	126
14 교실에서 볼 수 있는 단어	128
15 스포츠 이름을 나타내는 단어	130
16 과일과 채소 이름을 나타내는 단어	132
17 동물과 가축의 이름을 나타내는 단어	134
18 바다동물과 새, 곤충의 이름을 나타내는 단어	136
19 직업을 나타내는 단어	138
20 자연에서 볼 수 있는 단어	140
21 상태를 나타내는 단어	142
22 동작을 나타내는 단어	144
23 일상적인 인사말	146
24 소개와 고마움, 미안함을 표현하는 말	148

PART 4 문장으로 영어 익히기

01 be동사 현재형 긍정문 154
02 be동사 현재형 부정문 155
03 be동사 현재형 긍정의문문 156
04 be동사 현재형 부정의문문 157
05 be동사 과거형 긍정문 159
06 be동사 과거형 부정문 160
07 be동사 과거형 긍정의문문 161
08 be동사 과거형 부정의문문 162
09 일반동사 현재형 긍정문 166
10 일반동사 현재형 부정문 167
11 일반동사 현재형 긍정의문문 168
12 일반동사 현재형 부정의문문 169
13 일반동사 과거형 긍정문 171
14 일반동사 과거형 부정문 172
15 일반동사 과거형 긍정의문문 173
16 일반동사 과거형 부정의문문 174
17 현재진행형 긍정문 178
18 현재진행형 부정문 179
19 현재진행형 긍정의문문 180
20 현재진행형 부정의문문 181
21 과거진행형 긍정문 183
22 과거진행형 부정문 184
23 과거진행형 긍정의문문 185
24 과거진행형 부정의문문 186
25 의문사+be동사 현재형 긍정의문문 190
26 의문사+be동사 현재형 부정의문문 191
27 의문사+일반동사 현재형 긍정의문문 192
28 의문사+일반동사 현재형 부정의문문 193
29 의문사+현재진행형 긍정의문문 195
30 의문사+현재진행형 부정의문문 196
31 의문사+과거진행형 긍정의문문 197
32 의문사+과거진행형 부정의문문 198
33 시간과 날씨를 말할 때 200
34 권유를 나타낼 때 201
35 명령과 금지를 나타낼 때 202

PART 1
알파벳 쓰면서 익히기

알파벳 문자

알파벳의 대문자와 소문자
위의 알파벳 문자표 왼쪽에 있는 A B C D E F G H I J K L M N O P Q R S T U V W X Y Z를 대문자라 하고, 오른쪽에 있는 a b c d e f g h i j k l m n o p q r s t u v w x y z를 소문자라고 합니다.
원래는 대문자밖에 없었으나 쓰기 불편하고 문장의 구분을 위해서 소문자가 생겨났다고 합니다.

알파벳 소리

A a 애	B b 브	C c 크	D d 드
E e 에	F f 프	G g 그	H h 흐
I i 이	J j 즈	K k 크	L l 르
M m 므	N n 느	O o 오	P p 프
Q q 크어	R r 르	S s 스	T t 트
U u 어	V v 브	W w 우어	X x 크스
Y y 이	Z z 즈		

[에이]

✤ **Aa의 이름**
　A는 대문자, **a**는 소문자로 **에이**라고 읽습니다. **에**는 힘을 주어 강하게 소리 내고, **이**는 약하고 짧게 연속으로 빠르게 읽습니다.

✤ **Aa의 소리**
　에이는 알파벳의 이름이고 실제로 단어에서는 **애**라고 소리가 납니다. **애**는 입을 크게 벌려서 소리 내며, 단어에 따라서 **아, 어, 오** 등으로 발음되기도 합니다.

✏ 쓰기 순서에 맞게 써보세요.

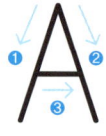

✏ 점선으로 된 알파벳을 따라 써보세요.

Apple
apple

[애플]

Ant
ant

[앤트]

Album
album

[앨범]

Animal
animal

[애니멀]

apple 사과　　**ant** 개미　　**album** 앨범　　**animal** 동물

[비-]

✤ **Bb의 이름**
B는 대문자, b는 소문자로 **비-**라고 읽습니다. 입술을 가볍게 붙였다 떼면서 **비-**를 강하고 길게 읽습니다.

✤ **Bb의 소리**
비-는 알파벳의 이름이고 실제로 단어에서는 **브**라고 소리가 납니다. **Bb**는 입김의 통로를 두 입술로 일시 막은 다음 갑자기 터뜨려 내는 소리로 우리말의 **바보**에서 둘째 **보**의 **ㅂ**에 해당하는 소리로 납니다.

✏ 쓰기 순서에 맞게 써보세요.

✏ 점선으로 된 알파벳을 따라 써보세요.

boy 소년   **book** 책   **bed** 침대   **bus** 버스

15

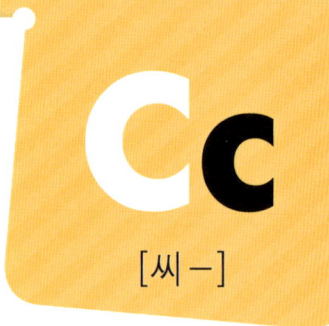

[씨 —]

❖ **Cc의 이름**
C는 대문자, **c**는 소문자로 **씨-**라고 읽습니다. 윗니와 아랫니 사이에서 나오는 소리로 혀의 끝 부분을 잇몸에 대고 **씨-**하고 강하고 길게 읽습니다.

❖ **Cc의 소리**
씨-는 알파벳의 이름이고 실제로 단어에서는 **ㅋ**라고 소리가 납니다. **Cc**는 대체로 우리말의 **ㅋ** 또는 **ㅅ,ㅆ**에 가까운 소리로 발음됩니다.

✏️ 쓰기 순서에 맞게 써보세요.

✏️ 점선으로 된 알파벳을 따라 써보세요.

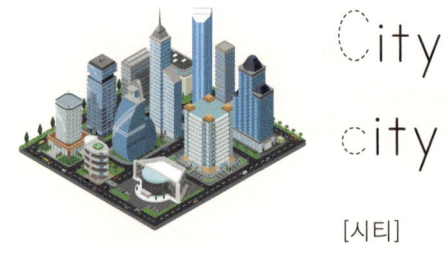

car 자동차   **cat** 고양이   **cup** 컵   **city** 도시

16

[디-]

✤ **Dd의 이름**
D는 대문자, d는 소문자로 **디**-라고 읽습니다. 윗니와 아랫니를 약간 벌린 상태에서 혀끝을 윗니 뒤에 살짝 붙였다 떼면서 **디**-라고 강하고 길게 읽습니다.

✤ **Dd의 소리**
디-는 알파벳의 이름이고 실제로 단어에서는 **드**라고 소리가 납니다. **Dd**는 대체로 우리말의 **ㄷ**과 같은 소리로 발음됩니다.

✏️ 쓰기 순서에 맞게 써보세요.

✏️ 점선으로 된 알파벳을 따라 써보세요.

dog 개   **doll** 인형   **desk** 책상   **duck** 오리

다시 써보기 A ~ D

✏️ A부터 D까지 대문자를 써보세요.

A B C D

✏️ a부터 d까지 소문자를 써보세요.

a b c d

빈칸 채우기 A ~ D

✏️ 그림을 보고 단어에 맞는 알파벳을 빈칸에 써넣으세요.

 ___up

 ___uck

 ___lbum

 ___nimal

 ___oy

 ___at

 ___ity

 ___og

 ___oll

 ___ar

 ___us

 ___ed

 ___nt

 ___pple

 ___ook

 ___esk

[이-]

❖ **Ee의 이름**
　E는 대문자, **e**는 소문자로 **이-**라고 읽습니다. 혀의 중앙을 높여서 **이-**하고 길고 강하게 발음하며 입 모양은 손가락 하나만 들어갈 정도로 입을 벌리면 됩니다.

❖ **Ee의 소리**
　이-는 알파벳의 이름이고 실제로 단어에서는 **에** 소리가 나며, 앞서 배운 **Aa**의 **애** 소리와 구분해야 합니다. 또한 단어에 따라서 **이**로도 소리가 납니다.

✏ 쓰기 순서에 맞게 써보세요.

✏ 점선으로 된 알파벳을 따라 써보세요.

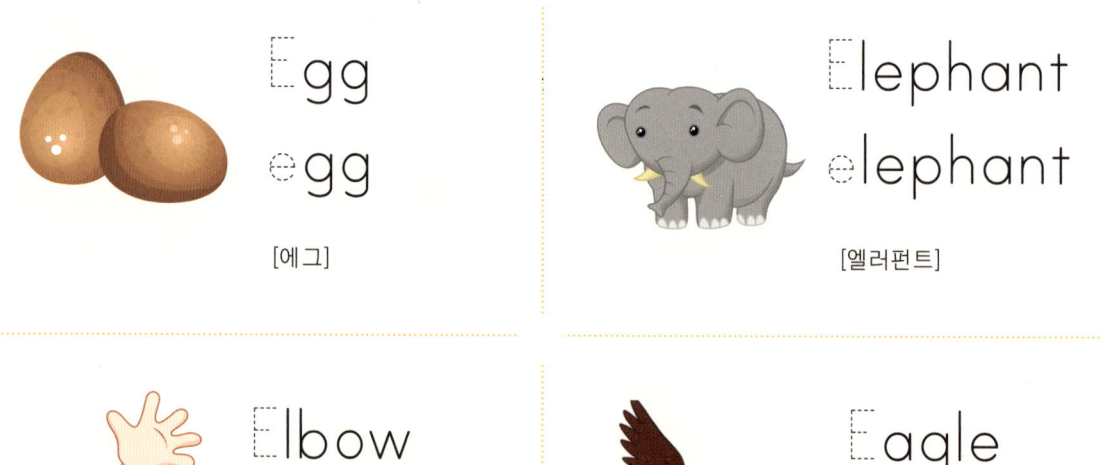

egg 달걀　　**elephant** 코끼리　　**elbow** 팔꿈치　　**eagle** 독수리

20

✤ **Ff의 이름**
F는 대문자, f는 소문자로 **에프**라고 읽습니다. **에**를 강하게 발음한 다음 **프**는 아랫 입술을 윗니에 살짝 대고 **에프**라고 발음합니다.

✤ **Ff의 소리**
에프는 알파벳의 이름이고 실제로 단어에서는 **프**라고 발음합니다. 이것은 우리말에 없는 소리로 윗니 끝이 아랫입술에 닿을 듯 말 듯 대고 입김을 불어내면 **Ff** 소리가 납니다.

✏ 쓰기 순서에 맞게 써보세요.

✏ 점선으로 된 알파벳을 따라 써보세요.

fish 물고기 **frog** 개구리 **foot** 발 **flower** 꽃

✤ **Gg의 이름**
G는 대문자, g는 소문자로 **쥐-**라고 길게 읽습니다. 입술을 앞으로 내밀고 **생쥐** 할 때의 **쥐**처럼 길게 늘여 발음하며, 그냥 **지**라고 읽지 않도록 주의해야 합니다.

✤ **Gg의 소리**
쥐-는 알파벳의 이름이고 실제로 단어에서는 **그**라고 발음합니다. 즉, **Gg**는 대체로 우리말의 **ㄱ**과 같은 발음으로 단어에 따라서 **ㅈ**과 비슷한 소리도 납니다.

✏️ 쓰기 순서에 맞게 써보세요.

✏️ 점선으로 된 알파벳을 따라 써보세요.

girl 소녀 **glove** 글로브 **gun** 총 **giraffe** 기린

Hh
[에이취]

✤ **Hh의 이름**
H는 대문자, **h**는 소문자로 **에이취**라고 읽습니다. **Aa**를 발음할 때처럼 하다가 뒤에 **취**를 살짝 붙여서 발음합니다.

✤ **Hh의 소리**
에이취는 알파벳의 이름이고 실제로 단어에서는 입을 살짝 벌리고 바람을 빼면서 **흐**라고 발음합니다. 즉, **Hh**는 우리말의 **ㅎ** 소리처럼 발음됩니다.

✏ 쓰기 순서에 맞게 써보세요.

✏ 점선으로 된 알파벳을 따라 써보세요.

Hand
hand
[핸드]

Hat
hat
[햍]

Horse
horse
[호-ㄹ스]

House
house
[하우스]

hand 손   **hat** 모자   **horse** 말   **house** 집

23

다시 써보기 E~H

✏️ E부터 H까지 대문자를 써보세요.

E F G H

✏️ e부터 h까지 소문자를 써보세요.

e f g h

빈칸 채우기 E~H

그림을 보고 단어에 맞는 알파벳을 빈칸에 써넣으세요.

 __agl__　　　 __rog

 __lower　　　 __lbow

 __ouse　　　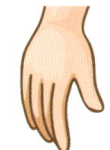 __and

 __iraffe　　　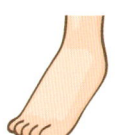 __oot

 __lephant　　　 __gg

 __at　　　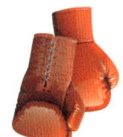 __love

 __ish　　　 __orse

 __un　　　 __irl

25

[아이]

✤ **Ii의 이름**
I는 대문자, i는 소문자로 **아이**라고 읽습니다. **아**는 강하게 **이**는 아주 약하고 짧게 연속적으로 빠르게 발음합니다.

✤ **Ii의 소리**
아이는 알파벳의 이름이고 실제로 단어에서는 **이**라고 소리가 납니다. 입은 조금만 벌리고 **으**와 **이**의 중간 소리를 내면 됩니다. 단어에 따라 **아이**로도 소리가 납니다.

✏ 쓰기 순서에 맞게 써보세요.

✏ 점선으로 된 알파벳을 따라 써보세요.

ink [잉크] insect [인섹트] igloo [이글루] ice [아이스]

ink 잉크   **insect** 곤충   **igloo** 이글루   **ice** 얼음

[쥐이]

✤ **Jj의 이름**
J는 대문자, j는 소문자로 **쥐이**라고 읽습니다. 입술을 약간 앞으로 내밀고 혀끝을 입천장 앞부분에 댔다가 떼면서 **쥐이** 하고 발음합니다.

✤ **Jj의 소리**
쥐이는 알파벳의 이름이고 실제로 단어에서는 **ㅈ**라고 소리가 납니다. **Jj**는 우리말의 **다람쥐**나 **염주**에서 **쥐**와 **주**의 첫소리인 **ㅈ**과 비슷한 소리로 발음됩니다.

✏️ 쓰기 순서에 맞게 써보세요.

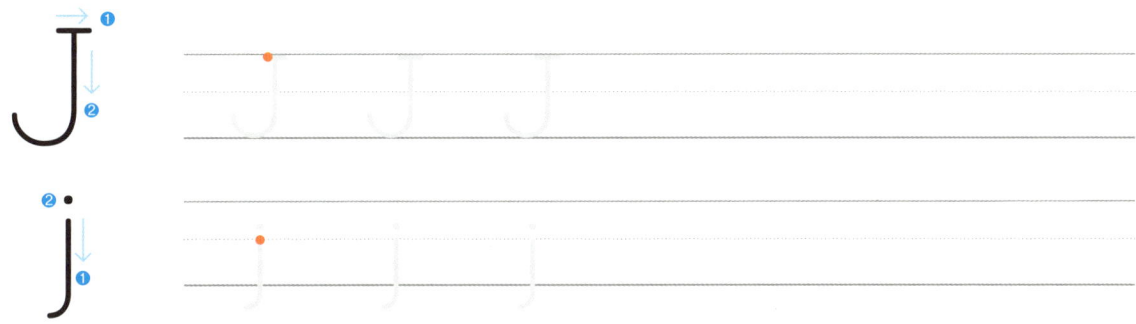

✏️ 점선으로 된 알파벳을 따라 써보세요.

Jam
jam

[잼]

Juice
juice

[주-스]

Jacket
jacket

[재킷]

Jump
jump

[점프]

jam 잼   **juice** 주스   **jacket** 재킷   **jump** 점프

27

[케이]

❖ **Kk의 이름**
  K는 대문자, **k**는 소문자로 **케이**라고 읽습니다. 혀끝을 아랫니 잇몸에 대고 혀의 뒷부분을 입천장 뒤쪽에 대면서 **케이**라고 발음합니다.

❖ **Kk의 소리**
  케이는 알파벳의 이름이고 실제로 단어에서는 **ㅋ**라고 소리가 납니다. **Kk**는 앞서 배운 **Cc**와 비슷하며, 우리말의 **칼**의 **ㅋ** 소리와 비슷하게 발음됩니다.

✏ 쓰기 순서에 맞게 써보세요.

✏ 점선으로 된 알파벳을 따라 써보세요.

kite 연   **king** 왕   **key** 열쇠   **kangaroo** 캥거루

[엘]

♣ **Ll의 이름**
 L는 대문자, **l**는 소문자로 **엘**이라고 읽으며, 혀끝을 윗니 바로 뒤 입천장에 갔다 대고 **엘**이라고 강하게 소리 냅니다. 이 때 받침 **ㄹ**은 혀를 고정시킨 채 강하게 발음합니다.

♣ **Ll의 소리**
 엘은 알파벳의 이름이고 실제로 단어에서는 **ㄹ**라고 소리가 납니다. **Ll**은 우리말의 **말**의 **ㄹ** 소리와 비슷한 혀 옆소리로 발음됩니다.

✎ 쓰기 순서에 맞게 써보세요.

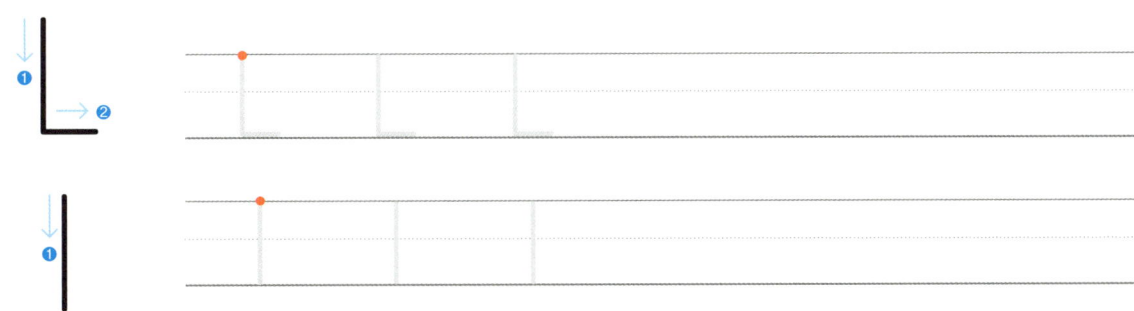

✎ 점선으로 된 알파벳을 따라 써보세요.

Lion
lion
[라이언]

Lamp
lamp
[램프]

Line
line
[라인]

Lemon
lemon
[레먼]

lion 사자   **lamp** 램프   **line** 선   **lemon** 레몬

29

다시 써보기 I ~ L

✏️ I부터 L까지 대문자를 써보세요.

I J K L

✏️ i부터 l까지 소문자를 써보세요.

i j k l

빈칸 채우기 I ~ L

그림을 보고 단어에 맞는 알파벳을 빈칸에 써넣으세요.

 __acket

 __ite

 __amp

 __gloo

 __ce

 __angaroo

 __ine

 __uice

 __ump

 __nk

 __nsect

 __ion

 __emon

 __ing

 __ey

 __am

[엠]

✤ **Mm의 이름**
M는 대문자, m는 소문자로 **엠**이라고 읽습니다. **Aa**를 발음할 때처럼 **에**를 강하게 발음한 다음 **ㅁ** 소리를 낼 때는 입을 다물고 코로 숨을 내쉬듯 약간 길게 발음합니다.

✤ **Mm의 소리**
엠은 알파벳의 이름이고 실제로 단어에서는 **ㅁ**라고 소리가 납니다. 즉, **Mm**은 우리말의 **ㅁ**과 같은 소리로 발음됩니다.

✎ 쓰기 순서에 맞게 써보세요.

✎ 점선으로 된 알파벳을 따라 써보세요.

Milk
milk

[밀크]

Mirror
mirror

[미러]

Moon
moon

[문-]

Monkey
monkey

[멍키]

milk 우유   **mirror** 거울   **moon** 달   **monkey** 원숭이

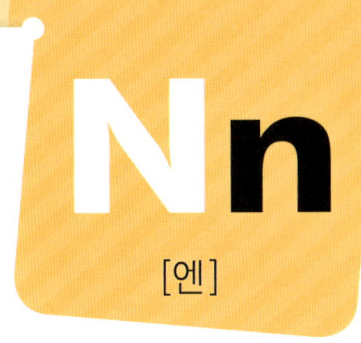

[엔]

✤ **Nn의 이름**
N은 대문자, n은 소문자로 엔이라고 읽습니다. Aa를 발음할 때처럼 에를 강하게 발음한 다음 ㄴ 소리를 낼 때는 혀끝을 입천장 앞부분에서 약간 뒤쪽에 대고 코로 숨을 내쉬듯 약간 길게 발음합니다.

✤ **Nn의 소리**
엔은 알파벳의 이름이고 실제로 단어에서는 ㄴ라고 소리가 납니다. 즉, Nn은 우리말의 ㄴ과 같은 소리로 발음됩니다.

✏ 쓰기 순서에 맞게 써보세요.

✏ 점선으로 된 알파벳을 따라 써보세요.

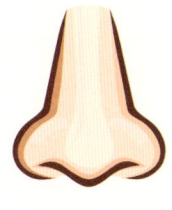

Nose
nose

[노우즈]

Nurse
nurse

[너ㄹ스]

Night
night

[나이트]

Number
number

[넘버ㄹ]

nose 코   **nurse** 간호사   **night** 밤   **number** 숫자

[오우]

✤ **Oo의 이름**
O는 대문자, **o**는 소문자로 **오우**라고 읽습니다. **오**는 강하게 **우**는 아주 약하고 빠르게 발음합니다. 즉, **오**와 **우**를 떼어서 발음하지 않고 자연스럽게 이어서 발음합니다.

✤ **Oo의 소리**
오우는 알파벳의 이름이고 실제로 단어에서는 **오**와 **어**의 중간음으로 소리가 납니다. 단, **Oo**는 단어에 따라서 **아**로도 소리가 납니다.

✏️ 쓰기 순서에 맞게 써보세요.

✏️ 점선으로 된 알파벳을 따라 써보세요.

oil 기름   **orange** 오렌지   **ox** 소   **octopus** 문어

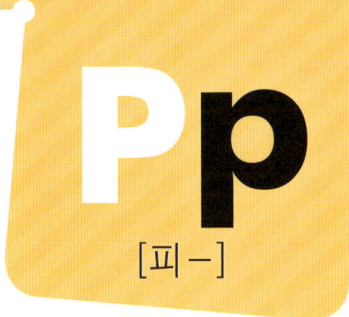

[피-]

❖ **Pp의 이름**
P는 대문자, p는 소문자로 **피-**라고 읽습니다. 입술에 약간 힘을 주어 붙였다 떼면서 **피-**를 강하고 길게 발음합니다.

❖ **Pp의 소리**
피-는 실제로 단어에서는 **프**로 소리가 납니다. **ㅍ**에 가까운 무성음으로 **Bb**와 마찬가지로 윗입술과 아랫입술을 붙였다 뗄 때 내는 소리입니다.

✏️ 쓰기 순서에 맞게 써보세요.

✏️ 점선으로 된 알파벳을 따라 써보세요.

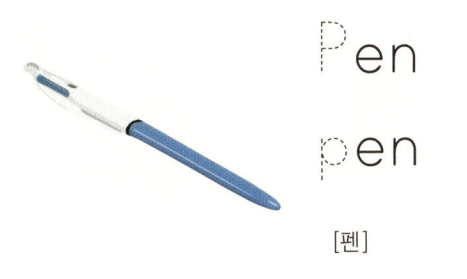

Pen
pen

[펜]

Pig
pig

[피그]

Piano
piano

[피애노우]

Pizza
pizza

[피처]

pen 펜   **pig** 돼지   **piano** 피아노   **pizza** 피자

다시 써보기 M ~ P

✏️ M부터 P까지 대문자를 써보세요.

M N O P

✏️ m부터 p까지 소문자를 써보세요.

m n o p

빈칸 채우기 M~P

✎ 그림을 보고 단어에 맞는 알파벳을 빈칸에 써넣으세요.

 ___range

 ___irror

 ___onkey

 ___x

 ___ct___pus

 ___oon

 ___ilk

 ___izza

 ___il

 ___ose

 ___urse

 ___en

 ___iano

 ___ight

 ___ig

 ___umber

[큐-]

✤ **Qq의 이름**
Q는 대문자, q는 소문자로 **큐-**라고 읽습니다. 입술을 앞으로 내밀고 **큐-** 하고 강하고 길게 발음합니다. 이때 혀의 위치는 **Cc**, **Kk**와 비슷합니다.

✤ **Qq의 소리**
큐-은 알파벳의 이름이고 실제로 단어에서는 **크어**로 소리가 납니다. **Qq**는 우리말의 **큐**의 첫소리인 **ㅋ**과 비슷하게 발음되며 단어에서 항상 **Uu[유-]**와 같이 쓰이는 것이 특징입니다.

✏ 쓰기 순서에 맞게 써보세요.

✏ 점선으로 된 알파벳을 따라 써보세요.

Queen
queen
[퀸-]

Question
question
[퀘스천]

Quiz
quiz
[퀴즈]

Quilt
quilt
[퀼트]

queen 여왕   **question** 질문   **quiz** 퀴즈   **quilt** 누비이불

[아알]

✤ **Rr의 이름**
R은 대문자, r은 소문자로 **아알**이라고 읽습니다. 하품을 하는 느낌으로 **아** 하고 발음한 다음 혀끝을 입천장에 닿지 않게 뒤로 구부린 상태에서 **아알** 하고 발음합니다.

✤ **Rr의 소리**
아알은 실제로 단어에서는 **르**로 소리가 납니다. **Rr**은 모음 사이에서는 우리말의 **허리**의 **ㄹ**과 같이 날 때도 있는데, 이때는 입술 둥글림이 없습니다. 그리고 자음 앞이나 단어의 맨 끝에 올 경우에는 소리가 나지 않을 경우가 있습니다.

✏ 쓰기 순서에 맞게 써보세요.

✏ 점선으로 된 알파벳을 따라 써보세요.

Rooster
rooster

[루-스터ㄹ]

Rabbit
rabbit

[래빝]

Radio
radio

[레이디오우]

Rainbow
rainbow

[레인보우]

rooster 수탉   **rabbit** 토끼   **radio** 라디오   **rainbow** 무지개

[에쓰]

✤ **Ss의 이름**
S는 대문자, s는 소문자로 **에쓰**라고 읽습니다. **에**는 강하게 **쓰**는 혀끝을 윗니 윗몸에 아주 가깝지만 닿지 않도록 위치시킨 후 공기가 새어나가듯이 약하게 발음합니다.

✤ **Ss의 소리**
에쓰는 알파벳의 이름이고 실제로 단어에서는 **스**로 소리가 납니다. 또한 **Ss**는 우리말의 **ㅆ**에 가까운 소리와, **ㅆ** 소리를 내다가 끊지 않고 이어서 목청을 떨며 내는 소리가 납니다.

✎ 쓰기 순서에 맞게 써보세요.

✎ 점선으로 된 알파벳을 따라 써보세요.

sky 하늘   stamp 우표   sun 태양   sea 바다

[티-]

✤ **Tt의 이름**
T는 대문자, t는 소문자로 **티-**라고 길게 읽습니다. 혀의 위치는 **Dd**와 같고 혀끝을 윗니 잇몸 뒤에 댄 다음 갑자기 떼면서 **티-** 하고 힘 있고 길게 발음합니다.

✤ **Tt의 소리**
티-는 실제로 단어에서는 **트**로 소리가 납니다. 또한 **Tt**는 우리말의 **ㅌ**과 같은 소리로 발음되는데 때로는 **ㄸ**과 같이 발음됩니다. 그런데 미국 발음의 경우 **Tt**가 강모음과 약모음 사이에 올 경우 **ㄹ** 소리에 가깝게 들릴 경우가 있습니다.

✏ 쓰기 순서에 맞게 써보세요.

✏ 점선으로 된 알파벳을 따라 써보세요.

Tent
tent
[텐트]

Tiger
tiger
[타이거ㄹ]

Truck
truck
[트럭]

Toast
toast
[토스트]

tent 텐트   **tiger** 호랑이   **truck** 트럭   **toast** 토스트

41

다시 써보기 Q~T

✏️ Q부터 T까지 대문자를 써보세요.

Q R S T

✏️ q부터 t까지 소문자를 써보세요.

q r s t

빈칸 채우기 Q~T

✏️ 그림을 보고 단어에 맞는 알파벳을 빈칸에 써넣으세요.

 ___uiz    ___adio

 ___abbit    ___uestion

 ___tamp    ___ea

 ___ueen    ___ainbow

 ___un    ___oast

 ___ruck    ___uilt

 ___ooste___    ___en___

 ___iger    ___ky

[유-]

✤ **Uu의 이름**
U는 대문자, u는 소문자로 **유-**라고 읽습니다. 입을 둥글게 해서 앞으로 내민 다음에 **유-** 하고 강하고 길게 발음합니다.

✤ **Uu의 소리**
유-는 알파벳의 이름이고 실제로 단어에서는 **어**로 소리가 납니다. 그러나 **Uu**는 장모음으로 쓰일 때는 이름처럼 **유-**로 소리가 납니다.

✏ 쓰기 순서에 맞게 써보세요.

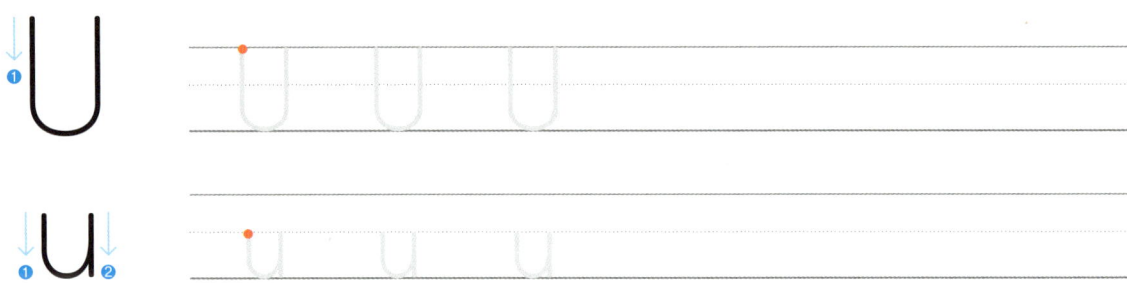

✏ 점선으로 된 알파벳을 따라 써보세요.

Uncle
uncle

[엉클]

Under
under

[언더ㄹ]

Umbrella
umbrella

[엄브렐러]

Uniform
uniform

[유니폼]

uncle 아저씨   **under** 아래   **umbrella** 우산   **uniform** 유니폼

[뷔-]

❖ **Vv의 이름**
V는 대문자, v는 소문자로 **뷔-**라고 길게 읽습니다. 앞서 배운 **Bb**는 양 입술을 붙였다 떼면서 **비-** 하고 소리를 내지만 **Vv**는 아랫입술을 윗니에 가볍게 댄 다음 떼면서 **뷔-** 하고 발음합니다.

❖ **Vv의 소리**
뷔-는 알파벳의 이름이고 실제로 단어에서는 **브**로 소리가 납니다. **Vv**는 앞서 배운 **Ff** 소리와 같은 요령으로 발음하되 목청을 떠는 소리입니다.

✏ 쓰기 순서에 맞게 써보세요.

✏ 점선으로 된 알파벳을 따라 써보세요.

van 밴(승합차)　**vase** 꽃병　**violin** 바이올린　**village** 마을

Ww
[더블유]

✤ **Ww의 이름**
W는 대문자, w는 소문자로 **더블유**라고 읽습니다. 입술을 둥글게 하여 내밀고 혀 끝은 윗니에 대고 **더**는 강하게 **블유**는 약하게 붙여서 발음합니다.

✤ **Ww의 소리**
더블유는 알파벳의 이름이고 실제로 단어에서는 **우어**로 소리가 납니다. 또한 **Ww**는 앞 또는 뒤에 오는 모음에 따라 ㅗ, ㅜ로 소리가 나서 ㅘ, ㅟ, ㅝ, ㅞ 등의 소리를 만듭니다.

✏ 쓰기 순서에 맞게 써보세요.

✏ 점선으로 된 알파벳을 따라 써보세요.

Watch
watch
[워치]

Wagon
wagon
[웨건]

Window
window
[윈도우]

Wolf
wolf
[울프]

watch 시계   **wagon** 손수레, 마차   **window** 창문   **wolf** 늑대

[엑 쓰]

✤ **Xx의 이름**
  X는 대문자, x는 소문자로 **엑쓰**라고 읽습니다. 혀끝을 아랫니에 대고 **엑**을 강하게 **쓰**는 **엑** 다음에 붙여 가스가 새어나오듯이 약하게 발음합니다.

✤ **Xx의 소리**
  엑쓰는 알파벳의 이름이고 실제로 단어에서는 **크스**로 소리가 납니다. **Xx**는 주로 받침소리로 많이 쓰입니다. 따라서 **Xx**로 시작하는 단어는 많지 않습니다.

✏ **쓰기 순서에 맞게 써보세요.**

✏ **점선으로 된 알파벳을 따라 써보세요.**

box 상자   **fox** 여우   **mix** 섞다   **xylophone** 실로폰

47

다시 써보기 U ~ X

✏️ U부터 X까지 대문자를 써보세요.

U V W X

✏️ u부터 x까지 소문자를 써보세요.

u v w x

빈칸 채우기 U ~ X

그림을 보고 단어에 맞는 알파벳을 빈칸에 써넣으세요.

 __agon

 __ncle

 __an

 bo__

 __atch

 __indo__

 __mbrella

 mi__

 __ylophone

 __nder

 __iolin

 fo__

 __olf

 __niform

 __ase

 __illage

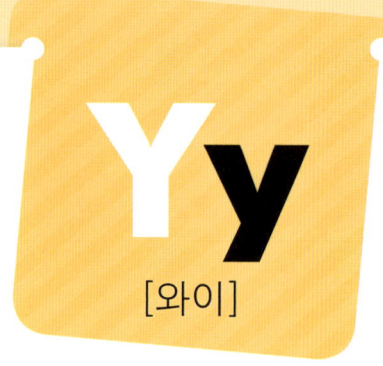

[와이]

✣ **Yy의 이름**
Y는 대문자, y는 소문자로 **와이**라고 읽습니다. 입술을 둥글게 벌려 **와**를 강하게 소리 내며 **이**는 **와** 다음에 붙여 약하게 발음합니다.

✣ **Yy의 소리**
와이는 알파벳의 이름이고 실제로 단어에서는 **이**로 소리가 납니다. **Yy**는 우리말의 ㅕ, ㅑ, ㅛ, ㅠ 등의 첫소리인 반모음 ㅣ로 소리 나는 경우와 단어의 끝에 와서 완전한 ㅏㅣ, ㅣ소리로 발음되는 경우가 있습니다.

✏ 쓰기 순서에 맞게 써보세요.

✏ 점선으로 된 알파벳을 따라 써보세요.

Yellow
yellow
[엘로우]

Yogurt
yogurt
[요거트]

Yacht
yacht
[요트]

Young
young
[영]

yellow 노란색   **yogurt** 요구르트   **yacht** 요트   **young** 어린

50

[즈-]

♣ **Zz의 이름**
Z는 대문자, z는 소문자로 예전에는 **제트**라고 읽었지만 지금은 **즤-**라고 읽습니다. 앞서 배운 **Gg**와는 다른 소리로 입을 옆으로 조금 길게 해서 혀끝을 윗니 잇몸에 살짝 대고 떼면서 **즤-**라고 발음합니다.

♣ **Zz의 소리**
즤-는 알파벳의 이름이고 실제로 단어에서는 **즈**로 소리가 납니다. **Zz**는 **Ss**와 같은 요령으로 발음하되 목청을 떨며 내는 소리입니다.

✏ 쓰기 순서에 맞게 써보세요.

✏ 점선으로 된 알파벳을 따라 써보세요.

Zoo
zoo

[주-]

Zebra
zebra

[지-브러]

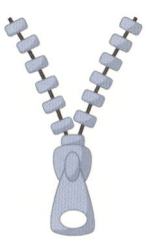

Zipper
zipper

[지퍼-ㄹ]

Zero
zero

[지로우]

zoo 동물원   **zebra** 얼룩말   **zipper** 지퍼   **zero** 영(0)

다시 써보기 Y ~ Z

✏️ Y부터 Z까지 대문자를 써보세요.

Y Z

✏️ y부터 z까지 소문자를 써보세요.

y z

빈칸 채우기 Y ~ Z

그림을 보고 단어에 맞는 알파벳을 빈칸에 써넣으세요.

 __acht

 __oo

 __ebra

 __ellow

 __oung

 __ero

 __ogurt

 __ipper

만만하게 시작하는 알파벳 영어 첫걸음

PART 2
발음 소리내어 익히기

알파벳과 단어 읽는 법

ㄱ + ㅐ → 개
[기역 애]   [개]

d + o + g → dog
[디 오 지]   [독]

우리말에 '개'를 '기역, 애'라고 따로 떼어서 읽지 않듯이 영어에서도 dog을 '디, 오, 지'라고 읽지 않고 '독'이라고 읽습니다.

알파벳은 '소리'를 나타내는 문자입니다. 그러므로 '문자 그 자체'를 읽는 것이 아니라, 그 문자가 '단어의 일부 되었을 때 읽는 법'을 아는 것이 매우 중요합니다. 즉, 우리말에서 ㄱ, ㄴ, ㄷ, ㄹ... 등의 자음과 ㅏ, ㅑ, ㅓ, ㅕ, ㅗ, ㅛ... 등의 모음이 합쳐져 하나의 음절을 이루고, 그 음절이 모여 단어가 되듯이 영어도 위의 예처럼 마찬가지입니다.

○ **모음**

A a	E e	I i	O o	U u
map	**pen**	**sit**	**top**	**cup**
[맵]	[펜]	[앁]	[탑]	[컵]
지도	펜	앉다	정상	컵

○ 자음

B b	**b**oy [보이] 소년	C c	**c**at [캩] 고양이	D d	**d**uck [덕] 오리
F f	**f**ish [피쉬] 물고기	G g	**g**irl [거-ㄹ얼] 소녀	H h	**h**at [헽] 모자
J j	**j**elly [젤리] 젤리	K k	**k**ing [킹] 왕	L l	**l**ion [라이언] 사자
M m	**m**oney [머니] 돈	N n	**n**ame [네임] 이름	P p	**p**ig [피그] 돼지
Q q	**q**ueen [퀸-] 여왕	R r	**r**ock [락] 바위	S s	**s**un [썬] 태양
T t	**t**iger [타이거ㄹ] 호랑이	V v	**v**ase [베이스] 꽃병	W w	**w**indow [윈도우] 창문
X x	bo**x** [박스] 박스	Y y	**y**ellow [옐로우] 노랑	Z z	**z**oo [주-] 동물원

※ 다음 알파벳은 위의 소릿값과 다르게 읽는 경우도 있습니다.

C c	**c**ity [씨티] 도시	G g	oran**g**e [오린쥐] 오렌지	S s	ro**s**e [로-즈] 장미

01 단모음 Short Vowels

단모음이란 자음과 함께 어울려 소리를 만드는 짧은 모음이란 뜻으로 영어의 알파벳에는 26개의 글자 중에 5개의 모음(빨간 색)이 있습니다. 나머지는 모두 자음입니다.

A B C D **E** F G H **I** J K L M N **O** P Q R S T **U** V W X Y Z
a b c d **e** f g h **i** j k l m n **o** p q r s t **u** v w x y z

단모음은 모음 **a, e, i, o, u**가 알파벳 이름과 다르게 각각의 소리가 납니다. 그리고 1음절 단어에서 모음 글자가 한 개만 있고, 모음 글자가 단어의 맨 앞이나 자음 글자 사이에 올 때는 단모음으로 소리가 납니다.

※음절이란 발음이 되는 최소 단위로 영어의 모음(**Aa Ee Ii Oo Uu**)에 해당하는 알파벳이 하나면 1음절, 둘이면 2음절이 됩니다.

a [애]

자음＋**a**＋자음으로 이루어진 단어는 **a** 다음에 유성음인 **g, d, n** 등이 오면 조금 긴 **애** 소리가 나는데 비해, 모음 **a** 다음에 무성음인 **t, p, k** 등이 오면 조금 짧은 **애** 소리가 납니다.

b a g [백] 가방
b a d [배드] 나쁜
h a n d [핸드] 손
b a t [뱉] 박쥐

bag   bad   hand   bat

e [에]

(자음)＋**e**＋자음으로 이루어진 단어에서 앞의 모음 **a**와 같이 유성음인 **g, d, n** 등이 오면 **e**가 조금 긴 **에** 소리인데 비해, 무성음인 **t, p, k** 등이 오면 비교적 짧은 **에** 소리가 납니다.

e g g [에그] 달걀
b e d [베드] 침대
p e n [펜] 펜
n e t [넽] 그물

egg   bed   pen   net

✏ 그림을 보고 단어에 맞는 알파벳을 빈칸에 써넣으세요.

 b___g    b___t

58

i [이]

자음 + **i** + 자음으로 이루어진 단어에서는 앞의 **e**처럼 **g, d, n** 등이 오면 **i**가 조금 긴 **이** 소리인데 비해, 무성음인 **t, p, k** 등이 오면 비교적 짧은 **이** 소리가 납니다.

b**i**g	k**i**d	p**i**n	s**i**t
[빅] 큰	[키드] 아이	[핀] 핀	[싵] 앉다
big	kid	pin	sit

o [아]

자음 + **o** + 자음으로 이루어진 단어에서 영국 발음으로는 **오**에 가깝게 들리고, 미국 발음으로는 **아**에 가깝게 들리는 경우가 많은데 영국식, 미국식이 같은 경우도 많습니다.

m**o**p	t**o**p	h**o**t	st**o**p
[맢] 자루걸레	[탚] 꼭대기	[핱] 뜨거운	[스탚] 멈추다
mop	top	hot	stop

u [어]

자음 + **u** + 자음으로 이루어진 단어는 대체로 우리말의 **아**와 **어**의 중간 소리로 들리는 경우가 많은데 우리말에 없는 소리로 발음됩니다.

s**u**n	r**u**n	g**u**m	b**u**s
[썬] 태양, 해	[런] 달리다	[검] 껌	[버스] 버스
sun	run	gum	bus

✏️ 그림을 보고 단어에 맞는 알파벳을 빈칸에 써넣으세요.

p___n   g___m

m___p   r___n

02 장모음 Long Vowels

장모음이란 단모음 a e i o u를 좀 더 길게 소리 내는 것을 말합니다. 또한, 장모음은 모음 a e i o u가 알파벳 이름과 똑같이 소리가 납니다.

1음절 단어에 두 개의 모음 글자가 있을 때 첫 모음 글자는 알파벳 이름과 똑같은 소리를 내며 뒤의 모음 글자는 소리를 내지 않습니다. 뒤에 소리를 내지 않는 모음 글자로 e가 오는 경우가 많습니다.

a [에이] -e로 끝나는 단어들은 그 앞의 모음이 주로 자기 이름대로 소리가 납니다.

c**a**ke [케이크] 케이크
r**a**ce [레이스] 경주
f**a**ce [페이스] 얼굴
n**a**me [네임] 이름

e [이-] e가 다른 모음 없이 혼자 길어지는 경우와 e 다음에 자음이 나오고 또 e가 나오는 경우에는 주로 **이-**처럼 들립니다.

h**e** [히] 그
sh**e** [쉬] 그녀
m**e** [미] 나를
h**e**re [히어] 여기

✏️ 그림을 보고 단어에 맞는 알파벳을 빈칸에 써넣으세요.

f___ce

r___ce

c___ke

h___

i [아이]

자음 + **i** + 자음 + **e**로 이루어진 단어는 **i**의 이름인 **아이**로 소리가 납니다.

bi**ke** [바이크] 자전거 **k**i**te** [카이트] 연 **l**i**ne** [라인] 선 **n**i**ne** [나인] 9

bike　　kite　　line　　nine

o [오우]

앞의 **a**, **i** 등과 마찬가지로 자음 + **o** + 자음 + **e**로 이루어진 단어는 **o**의 이름인 **오우**로 소리가 납니다.

ho**me** [호움] 가정 **c**o**ne** [코운] 원뿔 **n**o**se** [노우즈] 코 **r**o**pe** [로우프] 밧줄

home　　cone　　nose　　rope

u [유우]

자음 + **u** + 자음 + **e**로 이루어진 단어 역시 **-e**로 끝나기 때문에 자기 이름인 **유우**에 가깝게 발음됩니다.

cu**be** [큐브] 정육면체 **t**u**be** [튜브] 튜브 **c**u**te** [큐트] 귀여운 **m**u**te** [뮤트] 벙어리

cube　　tube　　cute　　mute

✏️ 그림을 보고 단어에 맞는 알파벳을 빈칸에 써넣으세요.

　c___ne　　　r___pe

　t___be　　　b___ke

03 이중모음 Double Vowels

이중모음이란 모음 두 개가 나란히 붙어 있는 것을 말합니다. 앞서 배운 단모음은 발음하는 동안 음의 성질이 바뀌지 않는 모음이지만, 이중모음은 한 음절에서 다른 지점으로 연속으로 미끄러져 가면서 합해지는 음입니다.

※ 이중모음은 한 음절입니다. (**ai**는 **a** + **i**의 두 개의 음절이 아니라 한 음절)
※ 이중모음에서 주로 소리가 나는 것은 앞의 음입니다.

ai [에이] 모음 **a** 뒤에 모음 **i**가 오면 앞의 **a**는 길게 발음되며 뒤의 모음 **i**는 소리가 나지 않습니다.

r**ai**n [레인] 비
m**ai**l [메일] 편지
tr**ai**n [트레인] 기차
n**ai**l [네일] 손톱

ay [에이] 모음 **a** 뒤에 모음 **y**가 오면 앞 **a**는 길게 발음되며 뒤의 모음 **y**는 소리가 나지 않습니다.

d**ay** [데이] 낮, 하루
s**ay** [쎄이] 말하다
gr**ay** [그레이] 회색
pl**ay** [플레이] 놀다

✏️ 그림을 보고 단어에 맞는 알파벳을 빈칸에 써넣으세요.

tr____n
m____l
gr____
pl____

ee [이-]
모음 **e** 뒤에 **e**가 겹쳐지면 앞의 **e**는 길게 발음되며 뒤의 모음 **e**는 소리가 나지 않습니다.

m**ee**t	s**ee**	sl**ee**p	tr**ee**
[미-트] 만나다	[씨-] 보다	[슬리-프] 잠자다	[트리-] 나무

meet　　see　　sleep　　tree

ea [이-]
모음 **e** 뒤에 **a**가 오면 앞의 **e**는 길게 발음되며 뒤의 모음 **a**는 소리가 나지 않습니다.

m**ea**t	r**ea**d	**ea**t	s**ea**
[미-트] 고기	[리-드] 읽다	[이-트] 먹다	[씨-] 바다

meat　　read　　eat　　sea

ie [아이]
모음 **i** 뒤에 모음 **e**가 오면 앞의 **i**는 길게 발음되며 뒤의 **e**는 소리가 나지 않습니다.

d**ie**	l**ie**	p**ie**	t**ie**
[다이] 죽다	[라이] 눕다	[파이] 파이	[타이] 묶다

die　　lie　　pie　　tie

✏️ 그림을 보고 단어에 맞는 알파벳을 빈칸에 써넣으세요.

m___t　　　tr___

p___　　　sl___p

ie [이-]
앞의 모음 i는 소리가 나지 않고 뒤의 모음 e가 길게 소리 나는 경우도 있습니다.

niece	piece	chief	thief
[니-스] 조카딸	[피-스] 조각	[취-프] 두목	[씨-프] 도둑
niece	piece	chief	thief

oa [오우]
모음 o 뒤에 모음 a가 오면 앞 o는 길게 발음되며 뒤의 모음 a는 소리가 나지 않습니다.

boat	coat	road	soap
[보우트] 보트	[코우트] 코트	[로우드] 길	[소우프] 비누
boat	coat	road	soap

ow [오우]
모음 o 뒤에 w가 오면 앞의 o는 길게 발음되며 뒤의 w는 소리가 나지 않습니다.

grow	pillow	yellow	window
[그로우] 성장하다	[필로우] 베개	[옐로우] 노란색	[윈도우] 창문
grow	pillow	yellow	window

✏️ 그림을 보고 단어에 맞는 알파벳을 빈칸에 써넣으세요.

b____t   s____p

pill____   th____f

ou [아우]

ou는 모음 o와 u가 겹쳐져 있지만 장모음이 되지 않고 뒤의 모음도 탈락하지 않습니다.

house	blouse	sound	ground
[하우스] 집	[블라우스] 블라우스	[싸운드] 소리	[그라운드] 운동장

house   blouse   sound   ground

ow [아우]

ou는 모음 o와 w가 겹쳐 있지만 장모음이 되지 않고 뒤의 모음도 탈락하지 않습니다.

cow	brown	crown	down
[카우] 소	[브라운] 갈색	[크라운] 왕관	[다운] 아래로

cow   brown   crown   down

oi [오이]

o 뒤에 i가 오면 입모양을 둥글게 하여 **아**와 **오**의 중간 소리로 **오이**라고 발음합니다.

boil	coin	soil	join
[보일] 끓이다	[코인] 동전	[쏘일] 흙	[조인] 결합하다

boil   coin   soil   join

✏️ 그림을 보고 단어에 맞는 알파벳을 빈칸에 써넣으세요.

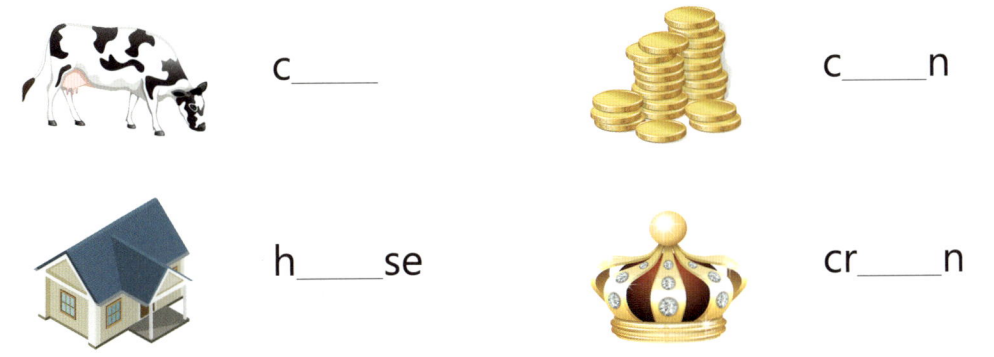

c____   c____n

h____se   cr____n

oy [오이]

o 뒤에 y가 오면 입모양을 둥글게 하여 **아**와 **오**의 중간 소리로 **오이**라고 발음합니다.

b**oy**	t**oy**	j**oy**	en**joy**
[보이] 소년	[토이] 장난감	[조이] 기쁨	[엔조이] 즐기다

boy   toy   joy   enjoy

oo [우]

o가 두 개 겹치면 **우** 하고 짧게 소리가 나는 경우가 있습니다.

b**oo**k	f**oo**t	g**oo**d	c**oo**k
[북] 책	[풋] 발	[굳] 좋은	[쿡] 요리하다

book   foot   good   cook

oo [우-]

o가 두 개 겹치면 **우-** 하고 길게 빼는 소리가 나는 경우도 있습니다.

m**oo**n	sch**oo**l	t**oo**th	p**oo**l
[문-] 달	[스쿨-] 학교	[투-쓰] 이, 치아	[풀-] 수영장

moon   school   tooth   pool

✏️ 그림을 보고 단어에 맞는 알파벳을 빈칸에 써넣으세요.

f___t   t___

m___n   b___k

au [오-]
모음 **a** 뒤에 모음 **u**가 오면 앞의 **a**는 **오-** 하고 길게 소리가 납니다.

audio	**au**to	f**au**lt	**au**ction
[오-디오우] 오디오	[오-토우] 자동차	[포-올트] 과실	[오-욱션] 경매
audio	auto	fault	auction

aw [오-]
모음 **a** 뒤에 모음 **w**가 오면 앞의 **a**는 **오-** 하고 길게 소리가 납니다.

awe	s**aw**	str**aw**	d**aw**n
[오-] 경외감	[쏘-] 톱	[스토로-] 밀짚	[도-운] 새벽
awe	saw	straw	dawn

ew [우-]
모음 **e** 뒤에 모음 **w**가 오면 앞의 **e**는 **우-** 하고 길게 소리가 납니다.

cr**ew**	gr**ew**	fl**ew**	sl**ew**
[크루-] 탑승원	[그루-] 성장했다	[플루-] 날았다	[쓰루-] 비틀다
crew	grew	flew	slew

✏️ 그림을 보고 단어에 맞는 알파벳을 빈칸에 써넣으세요.

____to   s____

cr____   str____

ew [유-]
모음 **e** 뒤에 모음 **w**가 오면 앞의 **e**는 유- 하고 길게 소리가 납니다.

f**ew**	d**ew**	n**ew**	n**ew**s
[퓨-] (수가) 많지 않은	[듀-] 이슬	[뉴-] 새로운	[뉴-스] 뉴스
few	dew	new	news

ui [우-]
모음 **u** 뒤에 모음 **i**가 오면 앞의 **u**는 길게 발음되며 뒤의 모음 **i**는 소리가 나지 않습니다.

j**ui**ce	fr**ui**t	s**ui**t	cr**ui**se
[주-스] 주스	[프루-트] 과일	[수-트] 정장	[크루-즈] 선상여행
juice	fruit	suit	cruise

ue [우(유)-]
u 뒤에 모음 **e**가 오면 앞의 **u**는 길게 발음되며 뒤의 모음 **e**는 소리가 나지 않습니다.

bl**ue**	cl**ue**	d**ue**	s**ue**
[블루-] 파란색	[클루-] 실마리	[듀-] 지급 기일이 된	[슈-] 고소하다
blue	clue	due	sue

✏️ 그림을 보고 단어에 맞는 알파벳을 빈칸에 써넣으세요.

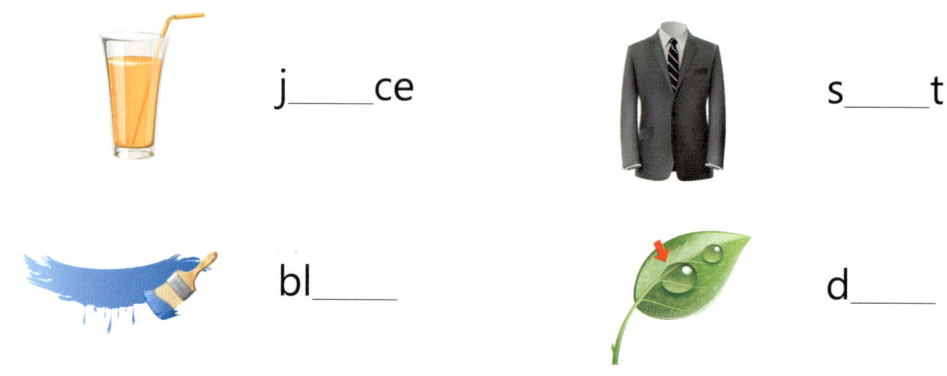

j____ce   s____t

bl____   d____

ar [아-ㄹ]

모음 **a**에 **r**이 이어지면 원래의 소리를 버리고 **아-ㄹ**로 소리가 납니다.

c**ar**	**ar**m	c**ar**d	st**ar**
[카-ㄹ] 자동차	[아-ㄹ음] 팔	[카-ㄹ드] 카드	[스타-ㄹ] 별

car   arm   card   star

or [오-ㄹ]

모음 **o**에 **r**이 이어지면 원래의 소리를 버리고 **오-ㄹ**로 소리가 납니다.

sh**or**t	f**or**k	c**or**n	p**or**k
[쇼-ㄹ트] 짧은	[포-ㄹ크] 포크	[코-ㄹ은] 옥수수	[포-ㄹ크] 돼지고기

short   fork   corn   pork

or [어ㄹ]

모음 **o**에 **r**이 이어지면 원래의 소리를 버리고 **어ㄹ**로 소리가 나기도 합니다.

doct**or**	visit**or**	vict**or**	fact**or**
[닥터ㄹ] 의사	[비지터ㄹ] 방문자	[빅터ㄹ] 승리자	[팩터ㄹ] 요인

doctor   visitor   victor   factor

✏️ 그림을 보고 단어에 맞는 알파벳을 빈칸에 써넣으세요.

st____    c____n

doct____    c____d

ir [어-ㄹ]
모음 **i** 뒤에 **r**이 오면 앞의 모음은 묵음이 되고 **r(ㄹ)**만 남아 받침처럼 쓰입니다.

bir**d** [버-ㄹ드] 새
gir**l** [거-ㄹ얼] 소녀
shir**t** [셔-ㄹ트] 셔츠
skir**t** [스커-ㄹ트] 스커트

bird　　girl　　shirt　　skirt

er [어ㄹ]
모음 **e** 뒤에 **r**이 오면 앞의 모음은 묵음이 되고 **r(ㄹ)**만 남아 받침처럼 쓰입니다.

water [워터ㄹ] 물
paper [페이퍼ㄹ] 종이
flower [플라우어ㄹ] 꽃
letter [레터ㄹ] 편지

water　　paper　　flower　　letter

ur [어-ㄹ]
모음 **u** 뒤에 **r**이 오면 앞의 모음은 묵음이 되고 **r(얼)**만 남아 받침처럼 쓰입니다.

hur**t** [허-ㄹ트] 상처 내다
fur [퍼-ㄹ] 모피
pur**ple** [퍼-ㄹ플] 보라색
nur**se** [너-ㄹ스] 간호사

hurt　　fur　　purple　　nurse

✏️ 그림을 보고 단어에 맞는 알파벳을 빈칸에 써넣으세요.

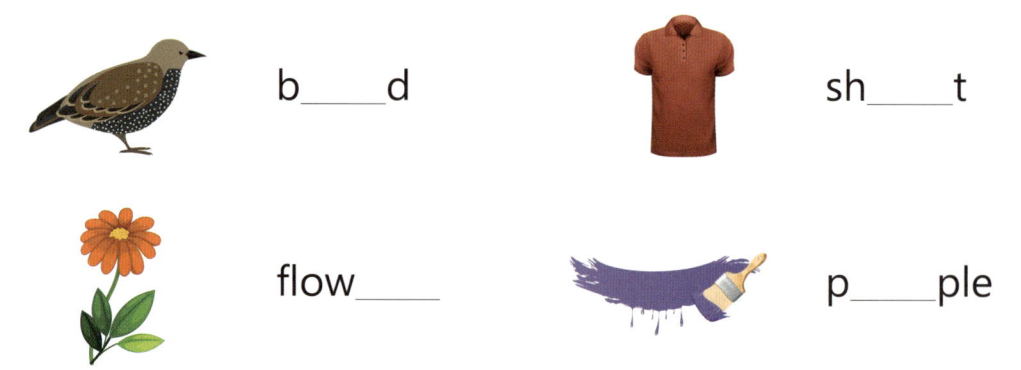

b____d　　　　sh____t

flow____　　　　p____ple

04 자음 Consonants

목구멍에서 나오는 소리가 혀나 입술 등에 의해 잠시 막히거나 그 통로가 좁혀져서 마찰음을 내는 것을 자음이라 한다. 우리말의 ㄱ, ㄴ, ㄷ… 처럼 영어의 **b, c, d**… 등이 자음으로 발음됩니다.

발음에 있어서 성대가 좁혀져서 발음할 때 진동하면 유성음(음성)이 됩니다. 영어 알파벳의 **a, e, i, o, u, b, d, g, j, l, m, n, r, v, w, y, z** 등이 주로 유성음으로 발음이 납니다.

발음에 있어서 보통 숨 쉴 때처럼 성대가 넓게 열려 있어서 진동하지 않으며(즉, 손을 목에 대어 보아 떨리지 않으면) 무성음(숨소리)이 나옵니다. 영어의 알파벳 중 **c, f, h, k, p, q, t** 등이 단어에 있어서 보통 무성음으로 발음됩니다.

그림을 보고 단어에 맞는 알파벳을 빈칸에 써넣으세요.

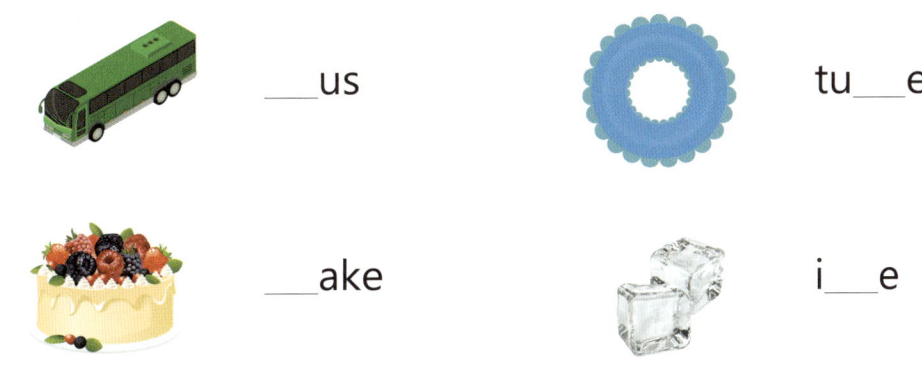

___us   tu___e

___ake   i___e

71

d [드]
d는 대체로 우리말의 ㄷ과 같은 소리로 발음됩니다.

dog	**b**e**d**	col**d**	goo**d**
[독] 개	[베드] 침대	[콜드] 추운	[굳] 좋은

dog   bed   cold   good

f [프]
f는 아랫입술과 윗 앞니 사이에서 내는 마찰음으로 우리말에 없는 소리로 발음된다. 발음할 때 윗니 끝은 아랫입술에 닿을 듯 말 듯 대고 입김을 불어내면 **f** 소리가 납니다.

five	**f**ox	le**f**t	**f**ish
[파이브] 다섯	[팍스] 여우	[레프트] 왼쪽	[피쉬] 물고기

five   fox   left   fish

g [그/즈]
g는 대체로 우리말의 ㄱ과 같은 발음, ㅈ과 비슷한 소리로 발음됩니다.

gift	dra**g**on	oran**g**e	pa**g**e
[기프트] 선물	[드래건] 용	[오린쥐] 오렌지	[페이쥐] 페이지

gift   dragon   orange   page

✏️ 그림을 보고 단어에 맞는 알파벳을 빈칸에 써넣으세요.

___ox   oran___e

___og   ___ish

h [흐]

h는 입을 살짝 벌리고 바람을 빼면서 흐라고 발음합니다. 즉, h는 우리말의 ㅎ 소리처럼 발음됩니다.

hat [햍] 모자 **house** [하우스] 집 **hot** [핱] 뜨거운 **ham** [햄] 햄

hat　　house　　hot　　ham

j [즈]

j는 우리말의 '다람쥐' 나 '염주' 에서 쥐와 주의 처음 소리인 ㅈ과 비슷한 소리로 발음됩니다.

jump [점프] 점프 **juice** [쥬-스] 주스 **job** [잡] 일 **jam** [잼] 잼

jump　　juice　　job　　jam

k [크]

k는 크라고 소리가 납니다. k는 앞서 배운 c와 비슷하며, 우리말의 칼의 ㅋ 소리와 비슷하게 발음됩니다.

key [키-] 키 **bike** [바이크] 바이크 **cake** [케이크] 케이크 **kite** [카이트] 연

key　　bike　　cake　　kite

✏️ 그림을 보고 단어에 맞는 알파벳을 빈칸에 써넣으세요.

___am　　___ite

___am　　___ey

l [르]
l은 우리말의 **말**의 ㄹ 소리와 비슷한 혀 옆 소리로 발음됩니다.

long	**l**itt**l**e	be**ll**	sma**ll**
[롱] 긴	[리틀] 작은	[벨] 벨	[스몰] 작은

long   little   bell   small

m [므]
m은 우리말의 ㅁ과 같은 소리로 발음됩니다.

man	**m**outh	**m**oon	ga**m**e
[맨] 남자	[마우쓰] 입	[문-] 달	[게임] 게임

man   mouth   moon   game

n [느]
n은 우리말의 ㄴ과 같은 소리로 발음됩니다.

s**n**ow	**n**ow	lemo**n**	**n**i**n**e
[스노-] 눈	[나우] 지금	[레먼] 레몬	[나인] 아홉

snow   now   lemon   nine

✏️ 그림을 보고 단어에 맞는 알파벳을 빈칸에 써넣으세요.

be____   lemo____

____oon   ____an

p [프]

p는 우리말의 ㅍ 소리와 같이 발음됩니다.

piano	**tape**	**map**	**pipe**
[피애노우] 피아노	[테이프] 테이프	[맵] 지도	[파이프] 파이프

piano　　tape　　map　　pipe

q [크]

q는 우리말의 **큐**의 첫 소리인 ㅋ과 비슷하게 발음되며 단어에서 항상 **u**와 같이 쓰이는 것이 특징입니다.

queen	**quiet**	**squirrel**	**quiz**
[퀸-] 여왕	[콰이얼] 조용한	[스쿼럴] 다람쥐	[퀴즈] 퀴즈

queen　　quiet　　squirrel　　quiz

r [르]

r은 혀끝을 윗잇몸 뒤쪽으로 말아 올려서 내는 소리이며 입술을 둥글게 내밀며 발음합니다. 모음 사이에서는 우리말의 **허리**의 ㄹ과 같이 날 때도 있는데 이 때는 입술 둥글림이 없으며, 자음 앞이나 단어의 맨 끝에 올 경우에는 발음이 나지 않을 경우가 있습니다.

room	**red**	**skirt**	**ruler**
[룸-] 방	[레드] 빨강	[스커-ㄹ트] 스커트	[룰러] 자

room　　red　　skirt　　ruler

✏️ 그림을 보고 단어에 맞는 알파벳을 빈칸에 써넣으세요.

___ueen　　___ed

___iano　　s___uirrel

 [스/즈] s는 우리말의 ㅆ에 가까운 소리와 ㅆ 소리를 내다가 끊지 않고 이어서 목청을 떨며 내는 소리의 두 가지 소리가 납니다.

sun [썬] 태양   **six** [씩스] 여섯   **nose** [노우즈] 코   **rise** [라이즈] 일어서다

sun   six   nose   rise

 [트] t는 우리말의 ㅌ과 같은 소리로 발음되는데 때로는 ㄸ과 같이 발음됩니다. 그런데 미국 발음의 경우 t가 강모음과 약모음 사이에 올 경우 아래 **water**의 t가 ㄹ 소리에 가깝게 들릴 경우가 있습니다.

ten [텐] 열   **strike** [스트라이크] 치다   **star** [스타] 별   **water** [워러] 물

ten   strike   star   water

 [브] v는 **f**의 소리와 같은 요령으로 발음하되 목청을 떠는 소리입니다.

vase [베이스] 꽃병   **video** [비디오우] 비디오   **seven** [세븐] 일곱   **very** [붸리] 매우

vase   video   seven   very

✏️ 그림을 보고 단어에 맞는 알파벳을 빈칸에 써넣으세요.

 ___un    no___e

 ___ase    wa___er

x [크/스]
x는 주로 받침소리로 많이 납니다.

xylophone [자일러포운] 실로폰
bo**x** [박스] 상자
o**x** [옥스] 소
si**x** [씩스] 여섯

xylophone　box　ox　six

z [즈]
z는 s와 같은 요령으로 발음하되 목청을 떨며 내는 소리입니다.

zoo [주-] 동물원
zero [지로우] 제로
zebra [지-브러] 얼룩말
zipper [지퍼-ㄹ] 지퍼

zoo　zero　zebra　zipper

✏️ 그림을 보고 단어에 맞는 알파벳을 빈칸에 써넣으세요.

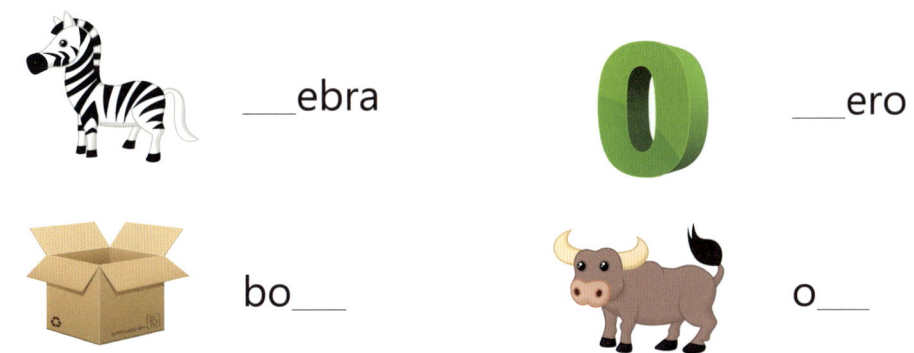

___ebra　　___ero

bo___　　o___

77

♣ 반자음(반모음)

   [우어]   w는 앞 또는 뒤에 오는 모음에 따라 ㅗ ㅜ로 소리가 나서 ㅘ ㅟ ㅝ ㅞ 등의 소리를 만드는데 첫 소리인 ㅗ ㅜ로 소리 납니다.

win	t**w**in	**w**eek	**w**ay
[윈] 이기다	[트윈] 쌍둥이	[위-크] 주	[웨이] 길
win	twin	week	way

   [이]   y는 우리말의 ㅕ ㅑ ㅛ ㅠ 등의 첫 소리인 반모음 ㅣ로 소리 나는 경우와, 단어의 끝에 와서 완전한 ㅏ ㅣ, ㅣ 소리로 발음되는 경우가 있습니다.

young	**y**es	cit**y**	sk**y**
[영] 어린	[예쓰] 예	[씨티] 도시	[스카이] 하늘
young	yes	city	sky

✏ 그림을 보고 단어에 맞는 알파벳을 빈칸에 써넣으세요.

t__in   __ay

__oung   sk__

05 이중자음 Double Consonants

앞서 배운 자음은 모음 **a e i o u**와 반모음(반자음) **w y**를 제외한 나머지 알파벳(**b c d f g h j k l m n p q r s t v x z**)을 말합니다. 여기서 배우게 될 이중자음도 앞서 배운 이중모음과 마찬가지로 자음 두 개가 나란히 붙어 소리를 내는 것을 말합니다.

혼합자음(Blending Consonants) ch sh th wh

자음이 서로 만나 소리가 뭉쳐져서 본래의 소리를 잃고 새로운 소리가 납니다.

ch [취]

cheese [취-즈] 치즈
chicken [취킨] 치킨, 닭
ben**ch** [벤취] 벤치
lun**ch** [런취] 점심

sh [쉬]

shop [샵] 가게
ship [쉽] 배
fi**sh** [피쉬] 물고기
di**sh** [디쉬] 접시

th [쓰/드]

three [쓰리-] 3, 셋
think [씽크] 생각하다
ma**th** [메쓰] 수학
this [디스] 이것

✏️ 그림을 보고 단어에 맞는 알파벳을 빈칸에 써넣으세요.

____ip   ____eese

| wh [우] | whale [웨일] 고래 | where [웨어-ㄹ] 어디에 | why [와이] 왜 | when [웬] 언제 |

whale   where   why   when

자음 + l : bl cl fl gl pl sl

여러 가지 첫소리 자음 뒤에 l이 붙어서 나는 소리입니다.

| bl [블] | blue [블루-] 파란색 | black [블랙] 검정색 | blog [블로그] 블로그 | block [블럭] 블록 |

blue   black   blog   block

| cl [클] | clock [클락] 시계 | clip [클립] 클립 | classroom [클래스룸-] 교실 | clown [클라운] 광대 |

clock   clip   classroom   clown

✏️ 그림을 보고 단어에 맞는 알파벳을 빈칸에 써넣으세요.

____ock    ____ock

____ale 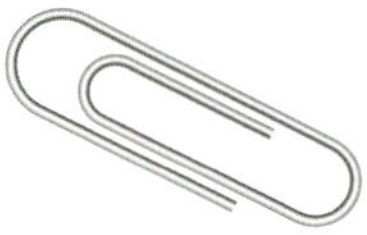   ____ip

| **fl** [플] | **fl**ag [플래그] 깃발 | **fl**ower [플라우어ㄹ] 꽃 | **fl**ame [플레임] 불꽃 | **fl**oor [플러–ㄹ] 마루 |

flag   flower   flame   floor

| **gl** [글] | **gl**ass [글래스] 유리(잔) | **gl**ad [글래드] 기쁜 | **gl**ove [글러브] 장갑 | **gl**ue [글루–] 아교 |

glass   glad   glove   glue

| **pl** [플] | **pl**ay [플레이] 놀다 | **pl**ane [플레인] 평면 | **pl**ant [플랜트] 식물 | **pl**ug [플러그] (전기) 플러그 |

play   plane   plant   plug

| **sl** [슬] | **sl**ide [슬라이드] 미끄러지다 | **sl**eep [슬리–프] 잠자다 | **sl**ed [슬레드] 썰매 | **sl**ice [슬라이스] 얇은 조각 |

slide   sleep   sled   slice

✏️ 그림을 보고 단어에 맞는 알파벳을 빈칸에 써넣으세요.

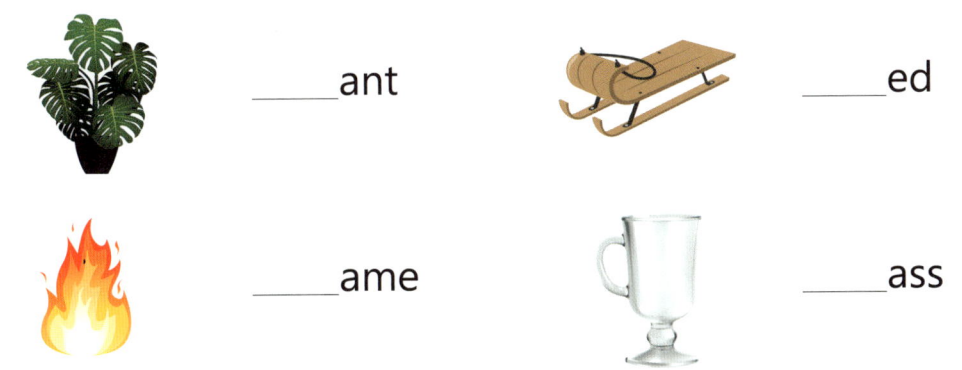

____ant   ____ed

____ame   ____ass

81

자음+r : br cr dr fr gr pr tr

여러 가지 첫소리 자음 뒤에 **r**이 붙어서 나는 소리로 첫 번째는 천천히, 두 번째는 자연스럽게 줄여가면서 발음합니다.

br [브뤄]
- **br**ead [브레드] 빵
- **br**ick [브릭] 벽돌
- **br**ush [브러쉬] 솔
- **br**ain [브레인] 뇌

cr [크뤄]
- **cr**ab [크랩] 게
- **cr**ayon [크레이언] 크레용
- **cr**own [크라운] 왕관
- **cr**acker [크래커ㄹ] 크래커

dr [드뤄]
- **dr**ive [드라이브] 운전하다
- **dr**ess [드레스] 옷
- **dr**agon [드래건] 용
- **dr**eam [드림-] 꿈

✏️ 그림을 보고 단어에 맞는 알파벳을 빈칸에 써넣으세요.

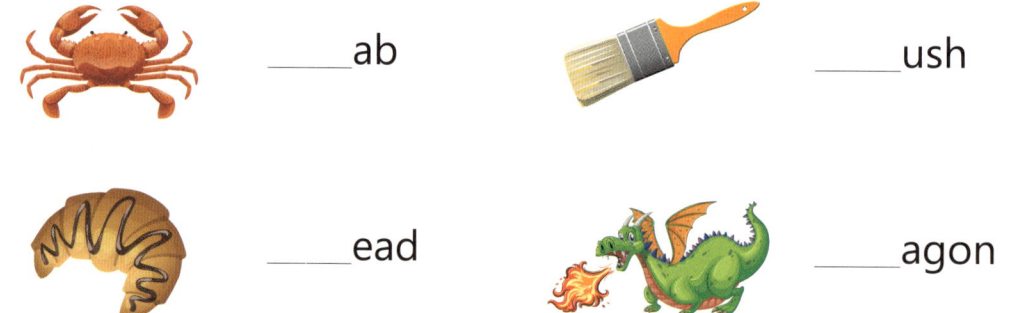

____ab   ____ush

____ead   ____agon

		frog	fruit	friend	frame
fr	[프뤄]	[프러-그] 개구리	[프루-트] 과일	[프렌드] 친구	[프레임] 뼈대
		frog	fruit	friend	frame

		grape	ground	green	grass
gr	[그뤄]	[그레이프] 포도	[그라운드] 운동장	[그린-] 녹색	[그래쓰] 풀
		grape	ground	green	grass

		prince	present	provide	profile
pr	[프뤄]	[프린스] 왕자	[프레즌트] 선물	[프러바이드] 공급하다	[프로우파일] 옆모습
		prince	present	provide	profile

		tree	train	truck	tray
tr	[트뤄]	[트리-] 나무	[트레인] 열차	[트럭] 트럭	[트레이] 쟁반
		tree	train	truck	tray

✎ 그림을 보고 단어에 맞는 알파벳을 빈칸에 써넣으세요.

____ape   ____esent

____og   ____ay

s+자음 : sc sk sm sn sp st sw

자음 **s** 뒤에 다른 여러 가지 자음이 붙어서 나는 소리로 첫 번째는 천천히, 두 번째는 자연스럽게 줄여가면서 발음합니다.

✏️ 그림을 보고 단어에 맞는 알파벳을 빈칸에 써넣으세요.

| **sn** [스느] | **sn**ow [스노우] 눈 | **sn**ake [스네이크] 뱀 | **sn**ack [스낵] 스낵 | **sn**ail [스네일] 달팽이 |

snow   snake   snack   snail

| **sp** [스프] | **sp**oon [스푼-] 숟가락 | **sp**ring [스프링] 봄 | **sp**ell [스펠] 철자하다 | **sp**ec [스펙] 설명서, 사양 |

spoon   spring   spell   spec

| **st** [스트] | **st**op [스탑] 멈추다 | **st**ove [스토우브] 스토브 | **st**one [스토운] 돌 | **st**art [스타-르트] 출발하다 |

stop   stove   stone   start

| **sw** [스우] | **sw**im [스윔] 헤엄치다 | **sw**eet [스위-트] 달콤하다 | **sw**ing [스윙] 흔들리다 | **sw**amp [스왐프] 늪 |

swim   sweet   swing   swamp

✏️ 그림을 보고 단어에 맞는 알파벳을 빈칸에 써넣으세요.

____oon   ____one

____ake   ____im

85

n+자음 : _ng _nk _nd _nt / ck

자음 n 다음에 다른 자음이 올 때 뒤의 자음에 따라 **응** 또는 **은**으로 소리가 납니다.

_ng [응]

- si**ng** [씽] 노래하다
- ri**ng** [링] 반지
- ki**ng** [킹] 왕
- you**ng** [영] 젊은

sing　　ring　　king　　young

_nk [응크]

- pi**nk** [핑크] 분홍색
- si**nk** [씽크] 가라앉다
- dri**nk** [드링크] 마시다
- ta**nk** [탱크] (물)탱크

pink　　sink　　drink　　tank

_nd [은드]

- ha**nd** [핸드] 손
- sou**nd** [싸운드] 소리
- ba**nd** [밴드] 밴드
- te**nd** [텐드] 돌보다

hand　　sound　　band　　tend

✏️ 그림을 보고 단어에 맞는 알파벳을 빈칸에 써넣으세요.

pi____　　ki____

ha____　　ba____

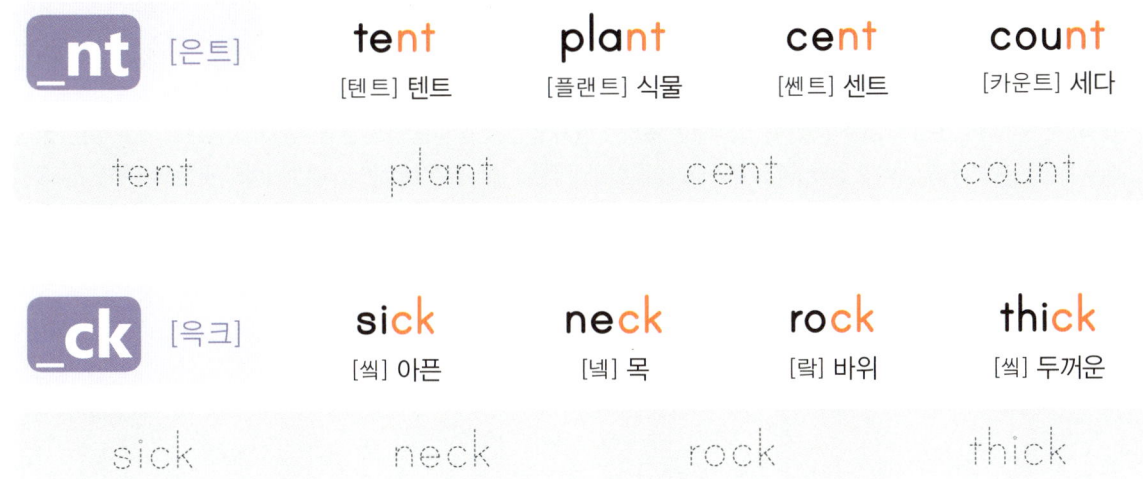

| _nt [은트] | tent [텐트] 텐트 | plant [플랜트] 식물 | cent [쎈트] 센트 | count [카운트] 세다 |

tent   plant   cent   count

| _ck [윽크] | sick [씩] 아픈 | neck [넥] 목 | rock [락] 바위 | thick [씩] 두꺼운 |

sick   neck   rock   thick

✏️ 그림을 보고 단어에 맞는 알파벳을 빈칸에 써넣으세요.

 ro____    te____

06 묵음 Silent Syllable

묵음이란 단어에는 분명히 글자가 있지만 실제로는 소리가 나지 않는 것을 말합니다. 현재 우리가 묵음으로 알고 있는 것들 대부분은 예전에 그 단어가 만들어졌을 때는 발음을 했던 것들입니다. 물론 비슷한 소리의 단어를 구분하기 위한 철자가 들어간 것도 있습니다. 다만, 세월이 흘러 사람들이 발음하기 힘든 것들을 생략하면서 그 편리함 때문에 묵음으로 변하기 시작했고 많이 쓰이는 것들은 묵음이 표준으로 인식되게 된 겁니다.

b

단어의 끝에 오는 **b**는 묵음이 되는 경우가 많습니다.

com b [코움] 빗
clim b [클라임] 오르다
bom b [밤-] 폭탄
lam b [램] 어린 양

comb   climb   bomb   lamb

g

g가 **n**과 함께 쓰일 때는 주로 묵음이 됩니다.

si g n [싸인] 사인
desi g n [디자인] 디자인
g naw [너-] 갉다
g nash [내쉬] 이를 갈다

sign   design   gnaw   gnash

✏️ 그림을 보고 단어에 맞는 알파벳을 빈칸에 써넣으세요.

___naw   com___

모음 **o i y**가 **h**와 함께 쓰일 때 묵음이 되는 경우가 많습니다.

hour
[아우어ㄹ] 한 시간

honor
[아너ㄹ] 명예

honest
[아니스트] 정직한

heir
[에어ㄹ] 상속인

hour honor honest heir

k는 **n** 앞에서 묵음이 됩니다.

knee
[니-] 무릎

knife
[나이프] 나이프

know
[노우] 알다

knock
[낙] 두드리다

knee knife know knock

l은 **d k f m** 앞에서 묵음이 되곤 합니다.

cou**l**d
[쿠드] 할 수 있었다

wa**l**k
[워-크] 걷다

ta**l**k
[토-크] 말하다

ha**l**f
[하-프] 절반

could walk talk half

✏️ 그림을 보고 단어에 맞는 알파벳을 빈칸에 써넣으세요.

　　___nife

　　___onor

　　wa___k

　　ha___f

89

 **n**은 **m** 뒤에서 묵음이 되곤 합니다.

auto**n**	colum**n**	dam**n**	solem**n**
[오-텀] 가을	[칼-럼] 칼럼	[댐] 비난하다	[살럼] 엄숙한

autumn　　column　　damn　　sloemn

 **p**는 **s t n** 뒤에서 묵음이 되기도 합니다.

cor**p**s	**p**salm	**p**sychology	recei**p**t
[커-ㄹ] 군단	[싸-암] 찬송가	[싸이칼러쥐] 심리학	[리씨-트] 영수증

corps　　psalm　　psychology　　receipt

 **s**묵음은 어원 때문에 생긴 것으로 극히 드문 묵음입니다.

ai**s**le	i**s**land
[아일] 통로	[아일런드] 섬

aisle　　island

✏️ 그림을 보고 단어에 맞는 알파벳을 빈칸에 써넣으세요.

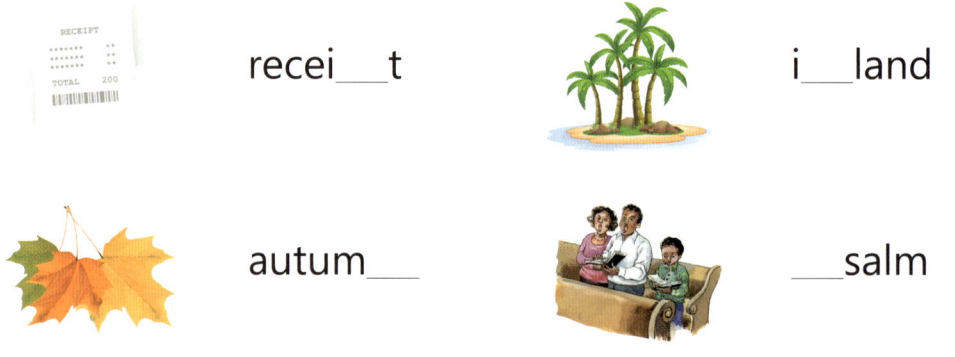

recei___t　　　　i___land

autum___　　　　___salm

90

 **t**는 어미로 사용될 때 **f** 뒤나 **s** 뒤에서 묵음이도 합니다.

so**t**en　　fas**t**en　　lis**t**en　　cas**t**le
[쏘-픈] 부드러운　[패쓴] 묶다　[리쓴] 듣다　[캐쓸] 성

soften　　fasten　　listen　　castle

 **w**는 단어의 맨 앞에 오거나 **r**이나 **h**와 같이 쓰일 때 묵음이 됩니다.

wrist　　**w**rap　　**w**rite　　**w**rinkle
[리스트] 손목　[랩] 감싸다　[라일] 쓰다　[링클] 주름

wrist　　wrap　　write　　wrinkle

 **gh**는 주로 **t** 앞에서 묵음이 됩니다.

ni**gh**t　　li**gh**t　　dau**gh**ter　　ri**gh**t
[나이트] 밤　[라이트] 빛　[더-터-ㄹ] 딸　[라일] 옳은

night　　light　　daughter　　right

✏️ 그림을 보고 단어에 맞는 알파벳을 빈칸에 써넣으세요.

　ni____t　　　____rite

　cas____le　　　fas____en

91

 gh는 묵음이 되기도 하지만 **프** 소리로 변할 경우도 있습니다.

enough
[이너프] 충분한

laugh
[래프] 웃다

rough
[러프] 거친

enough　　laugh　　rough

✏️ 그림을 보고 단어에 맞는 알파벳을 빈칸에 써넣으세요.

　rou____　　　　　lau____

07 자음을 나타내는 발음기호 Consonant

단어를 읽기 위해서는 일정한 발음 규칙이 필요한데, 이것을 기호로 나타낸 것이 발음기호입니다. 발음기호는 괄호[ ] 안에 표기를 하며 이러한 발음기호가 어떤 소리를 내는지 알면 단어를 정확하게 읽을 수 있습니다.

※앞서 배운 파닉스를 제대로 익히면 발음기호 없이도 단어를 읽고 쓸 수 있습니다.

자음(Consonant)이란 발음을 할 때 공기가 혀나 입, 입술, 입천장 등에 부딪히며 나는 소리입니다. 자음은 **k**, **p**, **t**처럼 성대가 울리지 않는 무성음과 **b**, **d**, **g**와 같이 성대가 울리는 유성음으로 구성되어 있습니다.

♣ 자음을 나타내는 발음기호

그림을 보고 단어에 맞는 알파벳을 빈칸에 써넣으세요.

[n] [느]	[p] [프]	[r] [르]	[s] [스]
nose [nouz 노우즈] 코	**p**ig [pig 피그] 돼지	**r**ose [rouz 로우즈] 장미	**s**un [sʌn 썬] 해
nose	pig	rose	sun

[t] [트]	[v] [브]	[z] [즈]	[θ] [쓰]
tie [tai 타이] 넥타이	**v**iolin [vàiəlín 바이얼린] 바이올린	**z**oo [zu: 주-] 동물원	**th**ree [θri: 쓰리] 3, 셋
tie	violin	zoo	three

[ð] [드]	[ʃ] [쉬]
bro**th**er [brʌ́ðər 브러더ㄹ] 형제	**sh**ark [ʃɑːrk 샤-ㄹ크] 상어
brother	shark

✏️ 그림을 보고 단어에 맞는 알파벳을 빈칸에 써넣으세요.

___ose   ___iolin

___ig   ___ark

| [ʒ] [쥐] | [dʒ] [쥐] | [tʃ] [취] | [ŋ] [응] |

television
[télǝvìʒǝn 텔러비젼]
텔레비전

jean
[dʒi:n 진-]
청바지

chocolate
[tʃɔ́:kǝlit 쵸-컬릍]
초콜릿

so**ng**
[sɔ(:)ŋ 쏭(-)]
노래

television   jean   chocolate   song

♣ 반자음을 나타내는 발음기호

| [j] [이] | [w] [우] |

yes
[jes 예쓰]
네

wood
[wud 우드]
나무

yes   wood

✎ 그림을 보고 단어에 맞는 알파벳을 빈칸에 써넣으세요.

___ood   ___ocolate

08 모음을 나타내는 발음기호 Vowel

모음(Vowel)이란 발음을 할 때 공기가 혀나 입, 입술, 입천장 등에 부딪히지 않고 목과 입 안의 울림으로 나는 소리입니다. 모든 모음은 성대가 울리는 유성음으로 구성되어 있습니다.

♣ 모음을 나타내는 발음기호

[ʌ]는 악센트가 있는 발음으로 힘을 준 [어]이고, [ə]는 악센트가 없는 발음으로 힘을 뺀 [어]입니다.
[æ]는 우리말 [애]보다 입을 양옆으로 크게 벌려 발음합니다. [ɔ]는 우리말 [어]와 [오]의 중간 발음입니다.

✏ 그림을 보고 단어에 맞는 알파벳을 빈칸에 써넣으세요.

   m__lon

   g__rill__

96

♣ 장모음을 나타내는 발음기호

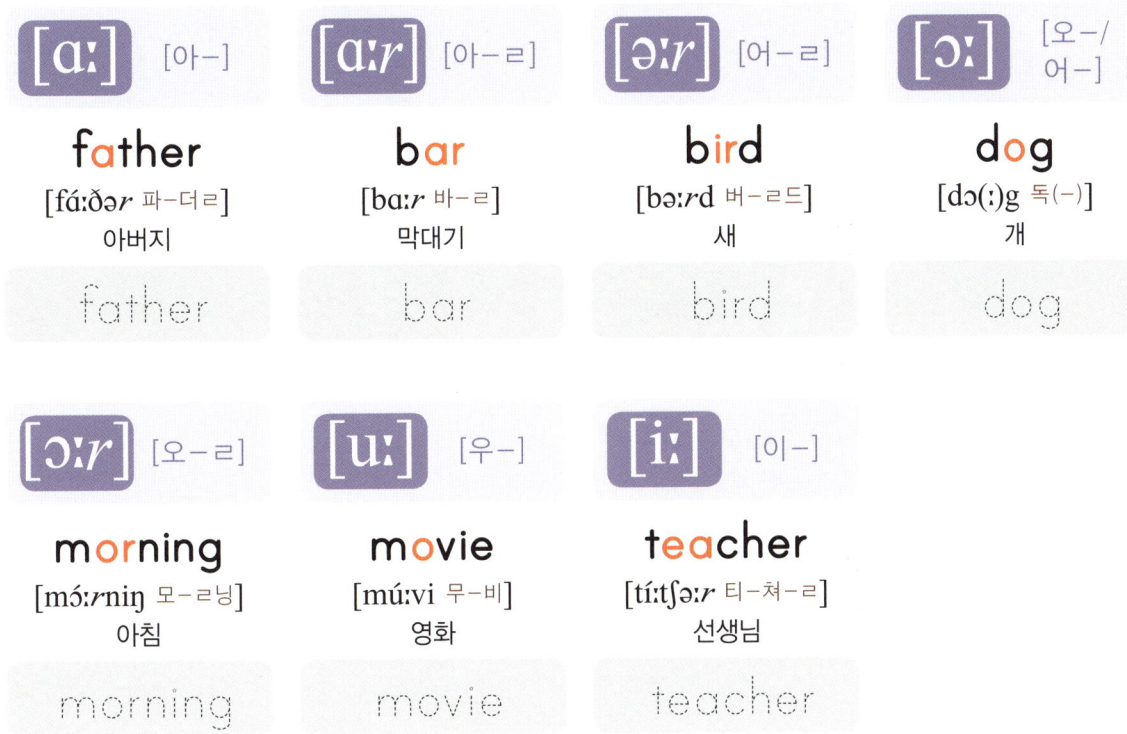

✎ 그림을 보고 단어에 맞는 알파벳을 빈칸에 써넣으세요.

t____cher   b____

♣ 이중모음을 나타내는 발음기호

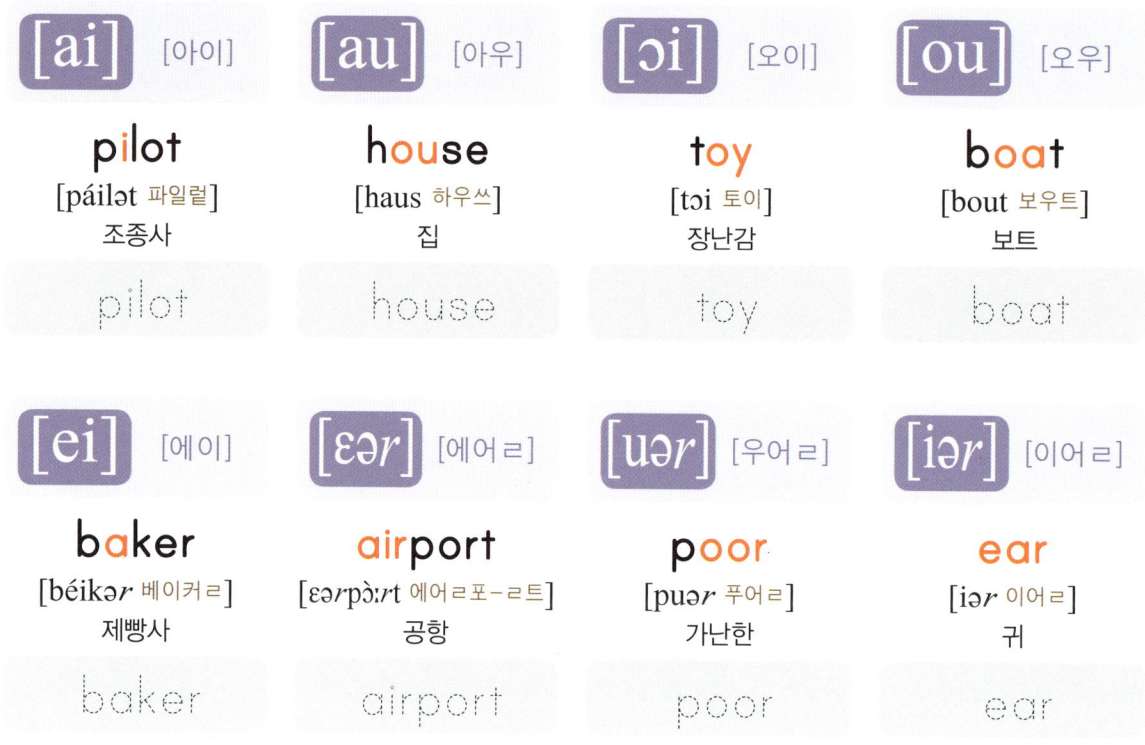

그림을 보고 단어에 맞는 알파벳을 빈칸에 써넣으세요.

　　b__ker　　　　　p__lot

09 영어의 악센트 Accent

악센트(**accent**)는 우리말로 강세라고 합니다. 강세란 하나의 단어에서도 강하게 발음해야 하는 부분과 약하게 발음하는 부분이 있습니다. 예를 들면 **lion**[láiən]에서 악센트는 [lá]에 있기 때문에 [라]를 강하게 발음해야 합니다. 이처럼 영어 단어에는 악센트 부분이 있습니다. 악센트가 어느 부분에 있는지는 발음기호를 보면 모음 위에 [′] 로 표시되어 있습니다.

또한, 인토네이션(**intonation**)은 우리말로 억양이라고 하는데, 이것은 모든 언어에 있는 소리의 높낮이를 말합니다. 영어는 인토네이션과 악센트가 어우러져서 우리말보다 훨씬 리듬감 있게 들립니다.

❶ 단어의 악센트는 모음에만 있습니다.

father [fá:ðər 파-더ㄹ] 아버지   **violin** [vàiəlín 바이얼린] 바이올린

❷ 단어의 악센트는 발음기호에서 모음 위에 [′] 로 표시하며, 그 부분을 제일 강하게 발음합니다.

lion [láiən 라이언] 사자   **pilot** [páilət 파일럳] 조종사

❸ 단어에서 두 번째 악센트는 [ˋ]로 표시하며, 첫 번째보다 덜 강하게 발음하며, 나머지는 평이하게 발음하면 됩니다.

television [téləvìʒən 텔러비젼] 텔레비전

playground [pléigràund 플레이그라운드] 운동장

❹ 모음이 하나인 단어에서는 악센트가 없습니다.

box [bɑks 박스] 상자   **cook** [kuk 쿡] 요리사   **tie** [tai 타이] 넥타이

❺ 영어의 장음은 [:]로 표시하며 우리말 장음 표시는 [-]로 합니다.

jean [dʒi:n 진-] 청바지   **movie** [mú:vi 무-비] 영화   **dog** [dɔ(:)g 독(-)] 개

❻ 단어의 발음기호에서 이탤릭체 [*r*]은 우리말의 [ㄹ]음을 살짝 넣어서 발음합니다.

hair [hɛə*r* 헤어ㄹ] 머리카락   **bird** [bə:*r*d 버-ㄹ드] 새

99

만만하게 시작하는 알파벳 영어 첫걸음

PART 3
주제별로 단어 익히기

01 사람과 물건, 방향을 가리키는 단어

① **I** [ai 아이] 나

② **you** [juː 유-] 당신(들)

③ **she** [ʃiː 쉬-] 그녀

④ **he** [hiː 히-] 그

⑤ **we** [wiː 위-] 우리

⑥ **they** [ðei 데이] 그들

⑦ **this** [ðis 디스] 이것

⑧ **that** [ðæt 댓] 저것, 그것

⑨ **my** [mai 마이] 나의
⑩ **me** [mi: 미-] 나를
⑪ **mine** [main 마인] 나의 것
⑫ **your** [juəːr 유어-ㄹ] 당신의
⑬ **our** [auər 아우어ㄹ] 우리의
⑭ **us** [ʌs 어스] 우리들을
⑮ **their** [ðɛːr 데어-ㄹ] 그들의
⑯ **them** [ðem 뎀] 그들을

⑰ **his** [hiz 히즈] 그의
⑱ **him** [him 힘] 그를
⑲ **her** [həːr 허-ㄹ] 그녀를
⑳ **these** [ðiːz 디-즈] 이것들
㉑ **it** [its 잇츠] 그것
㉒ **those** [ðouz 도우즈] 그것들
㉓ **here** [hiər 히어ㄹ] 여기
㉔ **there** [ðɛːr 데어-ㄹ] 거기에

㉕ **left** [left 레프트] 왼쪽

㉖ **right** [rait 라이트] 오른쪽

㉚ **north** [nɔːrθ 노-ㄹ쓰] 북쪽

㉘ **west** [west 웨스트] 서쪽

㉗ **east** [iːst 이-스트] 동쪽

㉙ **south** [sauθ 싸우쓰] 남쪽

02 색깔과 모양을 나타내는 단어

① **color** [kʌ́lər 컬러ㄹ] 색깔

② **red** [red 레드] 빨강

③ **orange** [ɔ́(ː)rindʒ 오(-)린쥐] 주황

④ **yellow** [jélou 옐로우] 노랑

⑤ **green** [griːn 그린-] 초록

⑥ **blue** [bluː 블루-] 파랑

⑦ **navy** [néivi 네이비] 남색

⑧ **purple** [pə́ːrpəl 퍼-펄] 보라

⑨ **brown** [braun 브라운] 갈색

⑩ **pink** [piŋk 핑크] 분홍

⑪ **white** [hwait 화이트] 흰색

⑫ **gray** [grei 그레이] 회색

⑬ **black** [blæk 블랙] 검정색

⑭ **shape** [ʃeip 쉐이프] 모양

⑮ **triangle** [tráiæŋgəl 트라이앵글] 삼각형

⑯ **square** [skwɛəːr 스퀘어-ㄹ] 정사각형

⑰ **rectangle** [réktæŋgəl 렉탱글] 직사각형

⑱ **diamond** [dáiəmənd 다이어먼드] 마름모

⑲ **circle** [sə́ːrkl 서-ㄹ클] 원, 동그라미

⑳ **oval** [óuvəl 오우벌] 타원형

㉑ **pentagon** [péntəgɔ̀n 펜터건] 5각형

㉒ **cone** [koun 코운] 원뿔

㉓ **cube** [kjuːb 큐-브] 정육면체

㉔ **cylinder** [sílindər 실린더ㄹ] 원통형

㉕ **line** [lain 라인] 선

㉖ **dot** [dɑt 닷] 점

03 수를 셀 때 쓰이는 단어

① **number** [nʌ́mbər 넘버ㄹ] 수, 숫자

② **0(zero)** [zíərou 지로우] 영

③ **1(one)** [wʌn 원] 하나

④ **2(two)** [tu: 투-] 둘

⑤ **3(three)** [θri: 쓰리-] 셋

⑥ **4(four)** [fɔːr 풔-ㄹ] 넷

⑦ **5(five)** [faiv 파이브] 다섯

⑧ **6(six)** [siks 씩스] 여섯

⑨ **7(seven)** [sévən 쎄븐] 일곱

⑩ **8(eight)** [eit 에잍] 여덟

⑪ **9(nine)** [nain 나인] 아홉

⑫ **10(ten)** [ten 텐] 열

⑬ **11(eleven)** [ilévən 일레븐] 열하나

⑭ **12(twelve)** [twelv 트웰브] 열둘

⑮ **13(thirteen)**
[θə:rtíːn 써-ㄹ틴-] 열셋

⑯ **14(fourteen)**
[fɔ́ːrtíːn 풔-ㄹ틴-] 열넷

⑰ **15(fifteen)**
[fíftíːn 퓌프틴-] 열다섯

⑱ **16(sixteen)**
[síkstíːn 씩스틴-] 열여섯

⑲ **17(seventeen)**
[sévəntíːn 세븐틴-] 열일곱

⑳ **18(eighteen)**
[éitíːn 에이틴-] 열여덟

㉑ **19(nineteen)**
[náintíːn 나인틴-] 열아홉

㉒ **20(twenty)** [twénti 트웬티] 스물

㉓ **21(twenty-one)**
[twénti wʌn 트웬티 원] 스물하나

㉔ **22(twenty-two)**
[twénti tuː 트웬티 투-] 스물둘

㉕ **30(thirty)** [θə́ːrti 써-ㄹ티] 서른

㉖ **40(forty)** [fɔ́ːrti 풔-ㄹ티] 마흔

㉗ **50(fifty)** [fífti 퓌프티] 쉰

㉘ **60(sixty)** [síksti 씩스티] 예순

㉙ **70(seventy)** [sévənti 쎄븐티] 일흔

㉚ **80(eighty)** [éiti 에이티] 여든

㉛ **90(ninety)** [náinti 나인티] 아흔

㉜ **100(one hundred)**
[wʌn hʌ́ndrəd 원 헌드러드] 백

㉝ **1,000(one thousand)**
[wʌn θáuzənd 원 싸우전드] 천

㉞ **10,000(ten thousand)**
[ten θáuzənd 텐 싸우전드] 만

04 순서와 날짜를 나타내는 단어

① **1st(first)** [fəːrst 풔-ㄹ스트] 첫 번째

② **2nd(second)** [sékənd 세컨드] 두 번째

③ **3rd(third)** [θəːrd 써-드] 세 번째

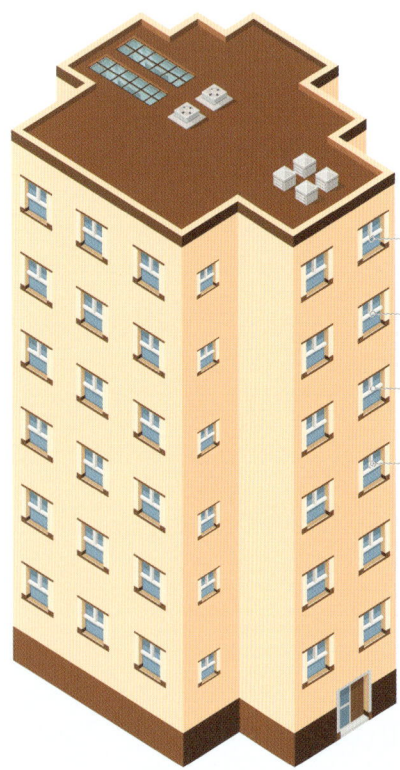

⑦ **7th(seventh)** [sévənθ 쎄븐쓰] 일곱 번째

⑥ **6th(sixth)** [siksθ 씩스쓰] 여섯 번째

⑤ **5th(fifth)** [fifθ 퓌프쓰] 다섯 번째

④ **4th(fourth)** [fɔːrθ 풔-ㄹ쓰] 네 번째

⑧ **8th(eighth)** [eitθ 에잍쓰] 여덟 번째

⑨ **9th(ninth)** [nainθ 나인쓰] 아홉 번째

⑩ **10th(tenth)** [tenθ 텐쓰] 열 번째

⑪ **11th(eleventh)**
[ilévənθ 일레븐쓰]
열한 번째

⑫ **12th(twelfth)**
[twelfθ 트웰프쓰]
열두 번째

⑬ **13th(thirteenth)**
[θə̀ːrtíːnθ 써-ㄹ틴-쓰]
열세 번째

⑭ **14th(fourteenth)**
[fɔ́ːrtíːnθ 풔-ㄹ틴-쓰]
열네 번째

⑮ **15th(fifteenth)**
[fíftíːnθ 퓌프틴-쓰]
열다섯 번째

⑯ **16th(sixteenth)**
[síkstíːnθ 씩스틴-쓰] 열여섯 번째

⑰ **17th(seventeenth)**
[sévəntíːnθ 쎄븐틴-쓰] 열일곱 번째

⑱ **18th(eighteenth)**
[éitíːnθ 에이틴-쓰] 열여덟 번째

⑲ **19th(nineteenth)**
[náintíːnθ 나인틴-쓰] 열아홉 번째

⑳ **20th(twentieth)**
[twéntiiθ 트웬티이쓰] 스무 번째

㉑ **21st(twenty-first)**
[twénti fəːrst 트웬티 풔-ㄹ스트] 스물한 번째

㉒ **22nd(twenty-second)**
[twénti sékənd 트웬티 세컨드] 스물두 번째

㉓ **30th(thirtieth)**
[θə́ːrtiiθ 써티-ㄹ티이쓰] 서른 번째

㉔ **40th(fortieth)**
[fɔ́ːrtiiθ 풔-ㄹ티이쓰] 마흔 번째

㉕ **50th(fiftieth)**
[fíftiiθ 퓌프티이쓰] 쉰 번째

㉖ **60th(sixtieth)**
[síkstiiθ 씩스티이쓰] 예순 번째

㉗ **70th(seventieth)**
[sévəntiiθ 쎄븐티이쓰] 일흔 번째

㉘ **80th(eightieth)**
[éitiiθ 에이티이쓰] 여든 번째

㉙ **90th(ninetieth)**
[náintiiθ 나인티이쓰] 아흔 번째

㉚ **100th(one hundredth)**
[wʌn hʌ́ndrədθ 원 헌드러드쓰] 백 번째

05 달과 계절을 나타내는 단어

① **season** [síːzən 씨-즌] 계절

② **spring** [spriŋ 스프링] 봄

③ **summer** [sʌ́mər 썸머ㄹ] 여름

④ **autumn** [ɔ́ːtəm 어-텀] 가을

⑤ **winter** [wíntəːr 윈터-ㄹ] 겨울

⑥ **month** [mʌnθ 먼쓰] 달, 월

⑦ **January**
[dʒǽnjuèri 재뉴어리] 1월

⑧ **February**
[fébruèri 페브루어리] 2월

⑨ **March**
[mɑːrtʃ 마-ㄹ취] 3월

⑩ **April**
[éiprəl 에이프럴] 4월

⑪ **May**
[mei 메이] 5월

⑫ **June**
[dʒuːn 쥰-] 6월

⑬ **July**
[dʒuːlái 쥴-라이] 7월

⑭ **August**
[ɔ́ːgəst 어-거스트] 8월

⑮ **September**
[səptémbər 썹템버ㄹ] 9월

⑯ **October**
[ɑktóubər 악토우버ㄹ] 10월

⑰ **November**
[nouvémbəːr 노벰버-ㄹ] 11월

⑱ **December**
[disémbər 디쎔버ㄹ] 12월

06 요일과 때를 나타내는 단어

① **month** [mʌnθ 먼쓰] 달, 월

② **year** [jiəːr 이어-ㄹ] 연, 해

③ **Sunday** [sʌ́ndei 썬데이] 일요일
④ **Monday** [mʌ́ndei 먼데이] 월요일
⑤ **Tuesday** [tjúːzdei 튜-즈데이] 화요일
⑥ **Wednesday** [wénzdei 웬즈데이] 수요일
⑦ **Thursday** [θə́ːrzdei 써-ㄹ즈데이] 목요일
⑧ **Friday** [fráidei 프라이데이] 금요일
⑨ **Saturday** [sǽtərdei 쌔터-ㄹ데이] 토요일

⑩ **morning**
[mɔ́ːrniŋ 머-ㄹ닝] 아침

⑪ **afternoon**
[ǽftərnúːn 애프터ㄹ눈-] 오후

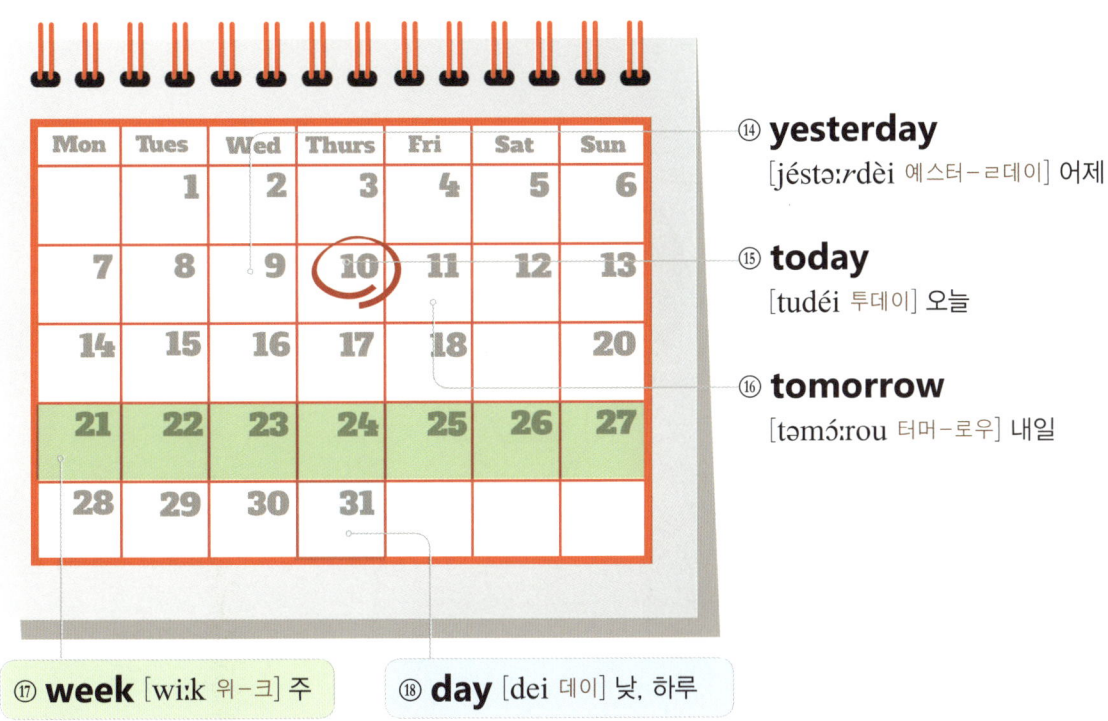

⑭ **yesterday**
[jéstə:*r*dèi 예스터-ㄹ데이] 어제

⑮ **today**
[tudéi 투데이] 오늘

⑯ **tomorrow**
[təmɔ́:rou 터머-로우] 내일

⑰ **week** [wi:k 위-크] 주

⑱ **day** [dei 데이] 낮, 하루

⑫ **evening**
[í:vniŋ 이-브닝] 저녁

⑬ **night**
[nait 나이트] 밤

113

07 신체를 나타내는 단어

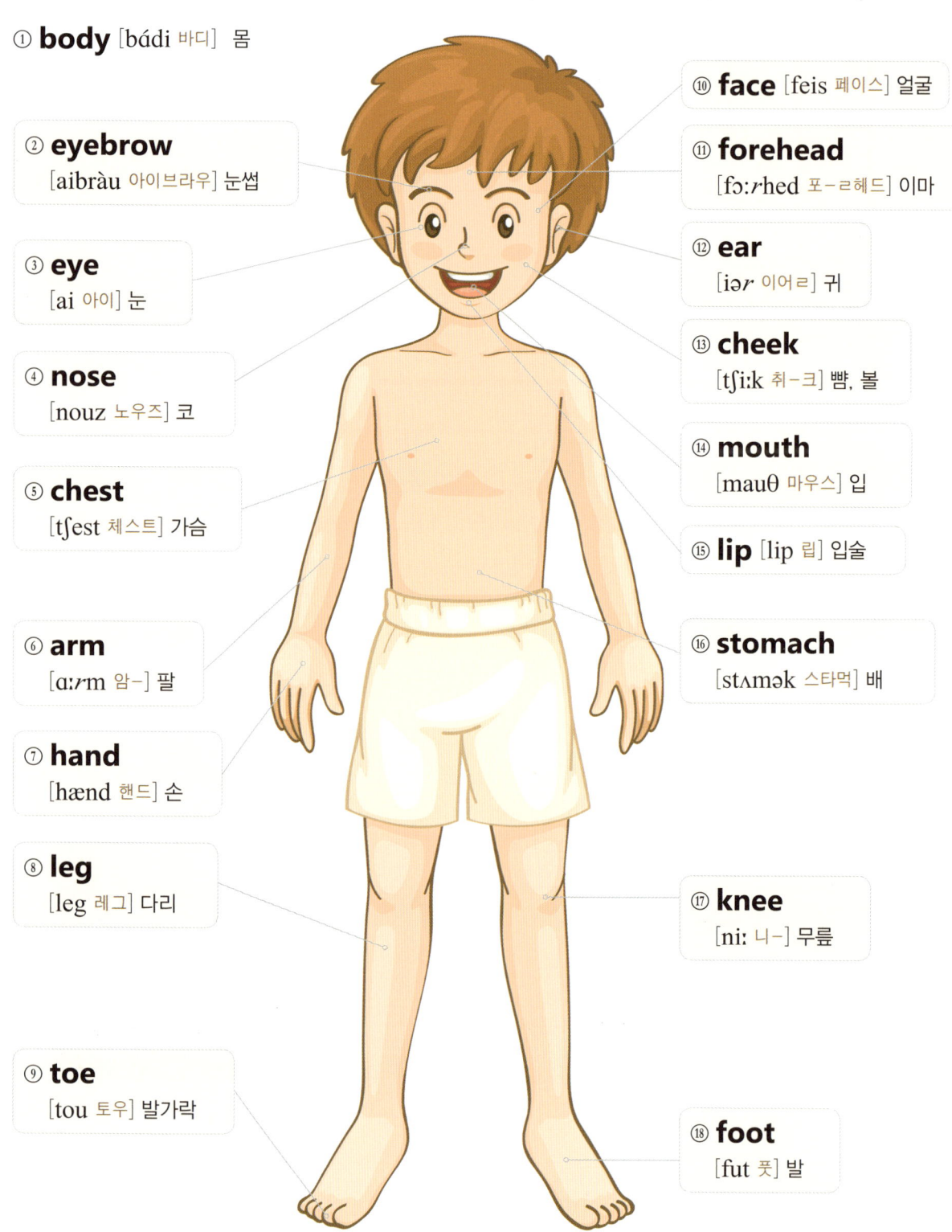

① **body** [bádi 바디] 몸
② **eyebrow** [aibràu 아이브라우] 눈썹
③ **eye** [ai 아이] 눈
④ **nose** [nouz 노우즈] 코
⑤ **chest** [tʃest 체스트] 가슴
⑥ **arm** [ɑ:rm 암-] 팔
⑦ **hand** [hænd 핸드] 손
⑧ **leg** [leg 레그] 다리
⑨ **toe** [tou 토우] 발가락
⑩ **face** [feis 페이스] 얼굴
⑪ **forehead** [fɔ:rhed 포-ㄹ헤드] 이마
⑫ **ear** [iər 이어ㄹ] 귀
⑬ **cheek** [tʃi:k 취-크] 뺨, 볼
⑭ **mouth** [mauθ 마우스] 입
⑮ **lip** [lip 립] 입술
⑯ **stomach** [stʌmək 스타먹] 배
⑰ **knee** [ni: 니-] 무릎
⑱ **foot** [fut 풋] 발

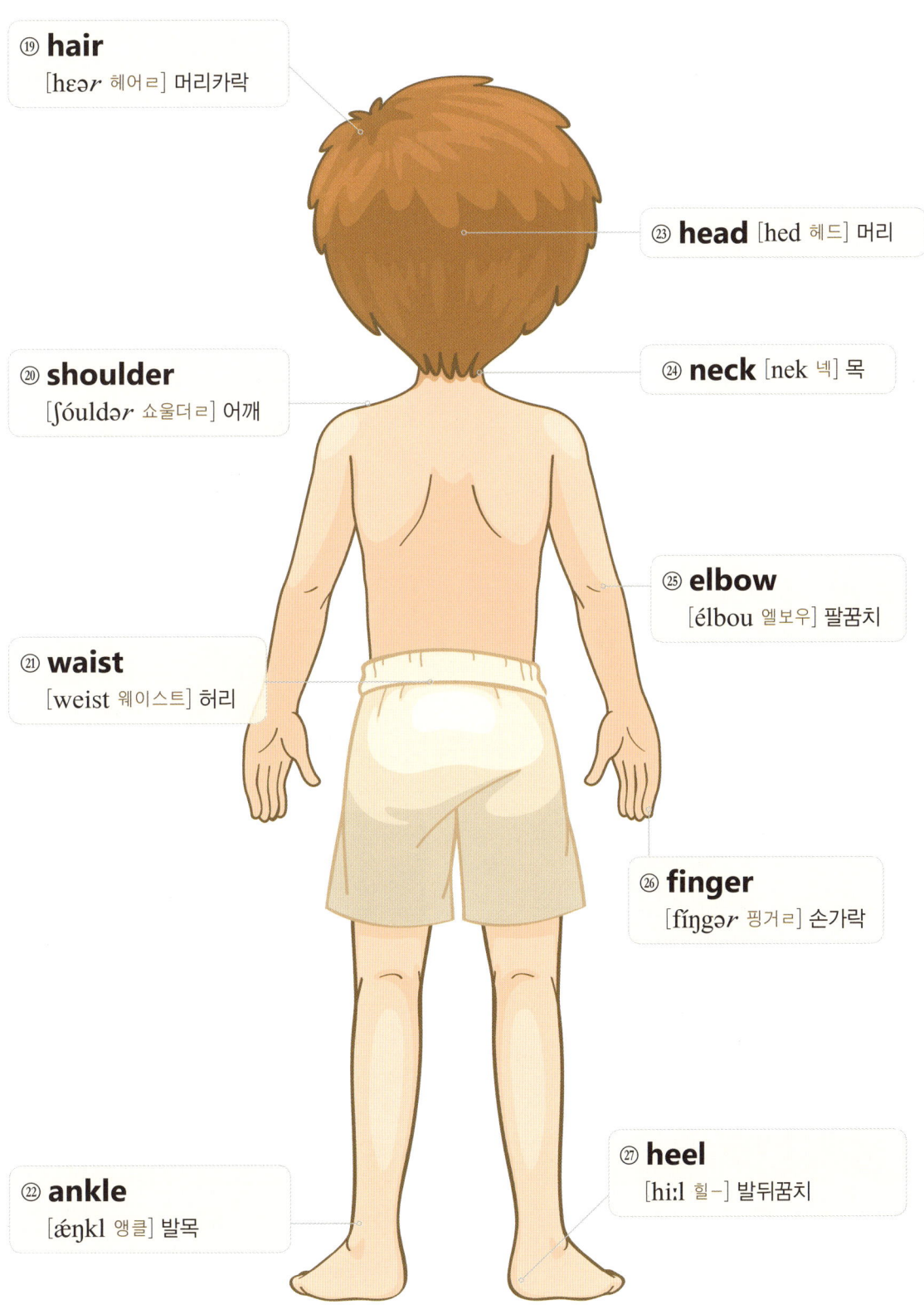

08 가족을 나타내는 단어

① **family** [fǽməli 패멀리] 가족

② **grandmother** [grǽndmʌ̀ðər 그랜드머더r] 할머니

③ **grandfather** [grǽndfɑ̀:ðər 그랜드파-더r] 할아버지

④ **mother** [mʌ́ðər 머더r] 어머니

⑤ **father** [fɑ́:ðər 파-더r] 아버지

⑥ **daughter** [dɔ́:tər 도-터r] 딸

⑦ **son** [sʌn 썬] 아들

⑧ **husband** [hʌ́zbənd 허즈번드] 남편
⑨ **wife** [waif 와이프] 아내

⑩ **brother** [brʌ́ðər 브러더r] 형제
⑪ **sister** [sístər 씨스터r] 자매

⑫ **family tree** [fǽməli tri: 패멀리 트리-] 가계도

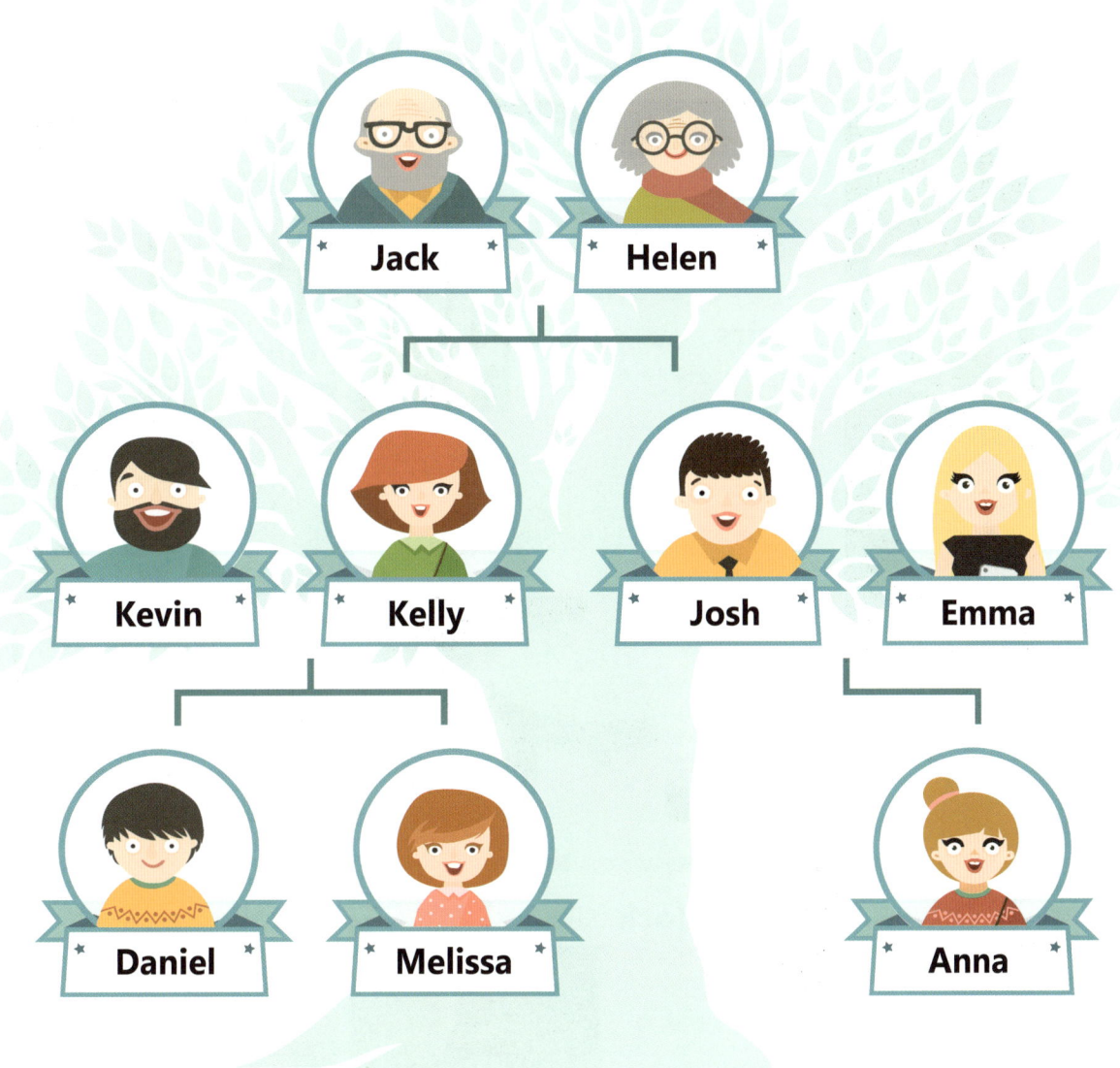

Anna는 Kelly의　⑬ **niece** [ni:s 니-스] 조카딸　입니다.
Daniel은 Josh의　⑭ **nephew** [né fju: 네퓨-] 조카　입니다.
Melissa는 Anna의　⑮ **cousin** [kʌ́zn 커즌] 사촌　입니다.
Emma는 Melissa의　⑯ **aunt** [ænt 앤트] 숙모　입니다.
Kevin은 Anna의　⑰ **uncle** [ʌ́ŋkl 엉클] 삼촌　입니다.

09 거실에서 볼 수 있는 단어

① **living room** [lívin ru:m 리빙 룸-] 거실

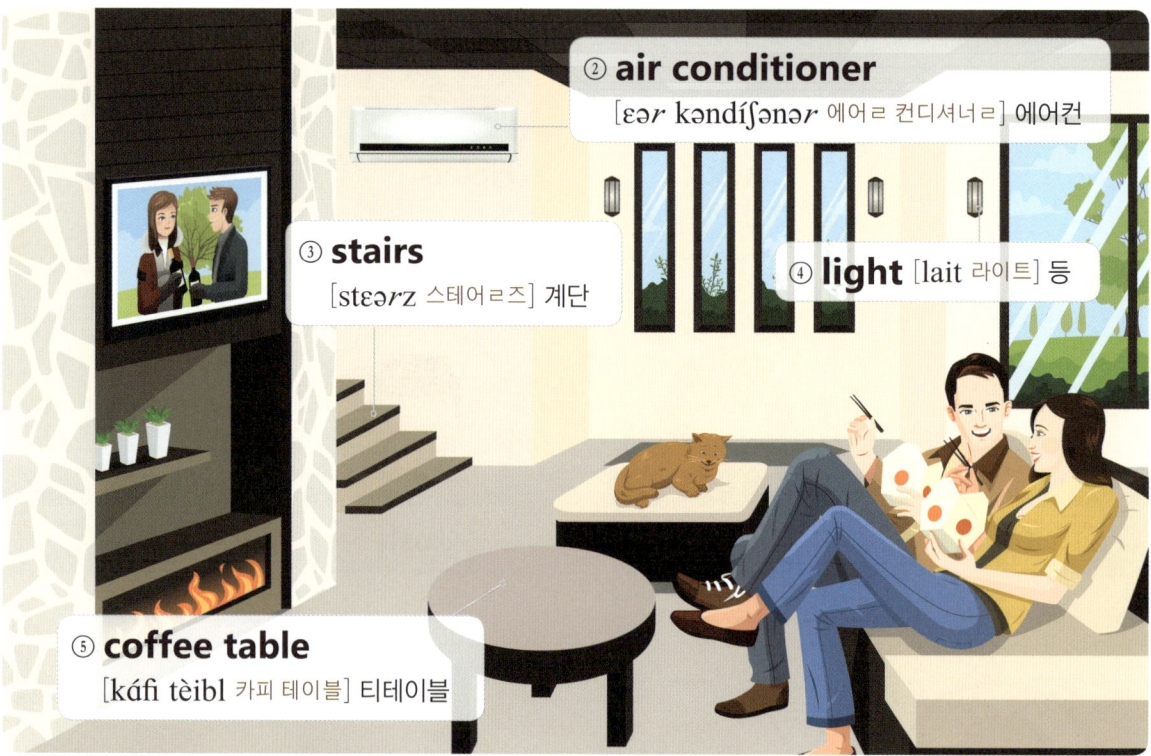

② **air conditioner** [εər kəndíʃənər 에어ㄹ 컨디셔너ㄹ] 에어컨

③ **stairs** [stεərz 스테어ㄹ즈] 계단

④ **light** [lait 라이트] 등

⑤ **coffee table** [káfi tèibl 카피 테이블] 티테이블

⑥ **clock** [klɑk 클락] 시계

⑦ **wall** [wɔ:l 월-] 벽

⑧ **TV** [tí:ví: 티-비-] 텔레비전

⑨ **carpet** [ká:rpit 카-ㄹ핏] 카펫

⑩ **sofa** [sóufə 쏘우퍼] 소파

10 침실에서 볼 수 있는 단어

① **bedroom** [bédrùːm 베드룸-] 침실

② **night** [naít 나이트] 밤

③ **bed** [bed 베드] 침대

④ **blanket** [blǽŋkit 블랭킷] 담요

⑤ **drawer** [drɔ́ːər 드로-어ㄹ] 서랍

⑥ **desk** [desk 데스크] 책상

⑦ **wardrobe** [wɔ́ːrdròub 워-ㄹ드로우브] 양복장

⑧ **rug** [rʌg 러그] (작은 카펫같이 생긴) 깔개/양탄자

⑨ computer
[kəmpjúːtər 컴퓨-터ㄹ] 컴퓨터
⑩ pillow [pílou 필로우] 베개
⑪ bookcase
[búkkèis 북케이스] 책장
⑫ sheets [ʃiːts 쉬-츠] 시트

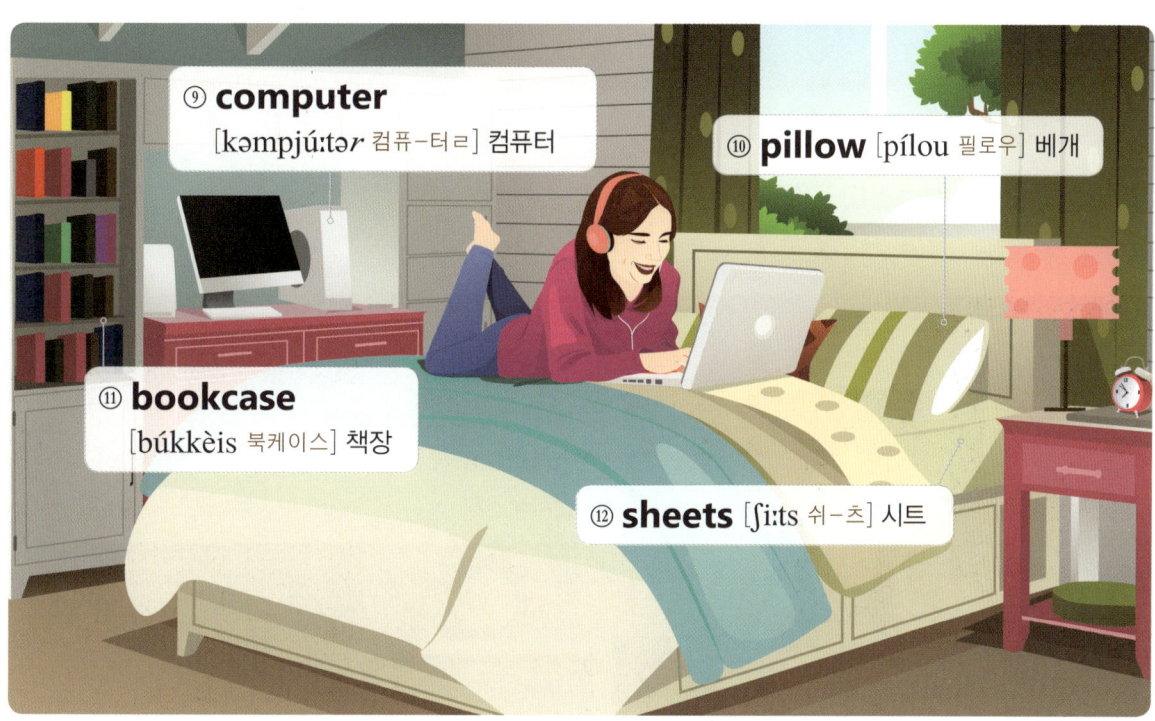

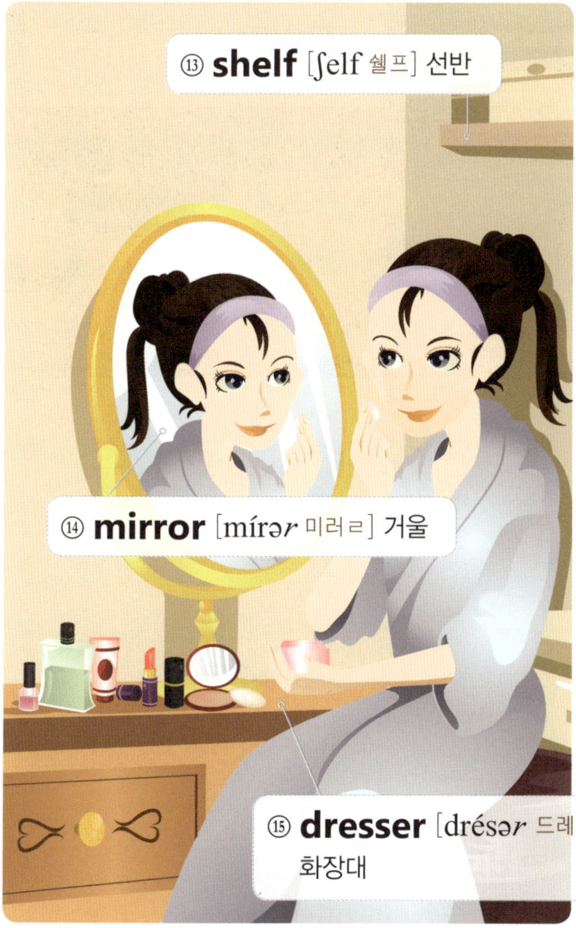
⑬ shelf [ʃelf 쉘프] 선반
⑭ mirror [mírər 미러ㄹ] 거울
⑮ dresser [drésər 드레서ㄹ]
화장대

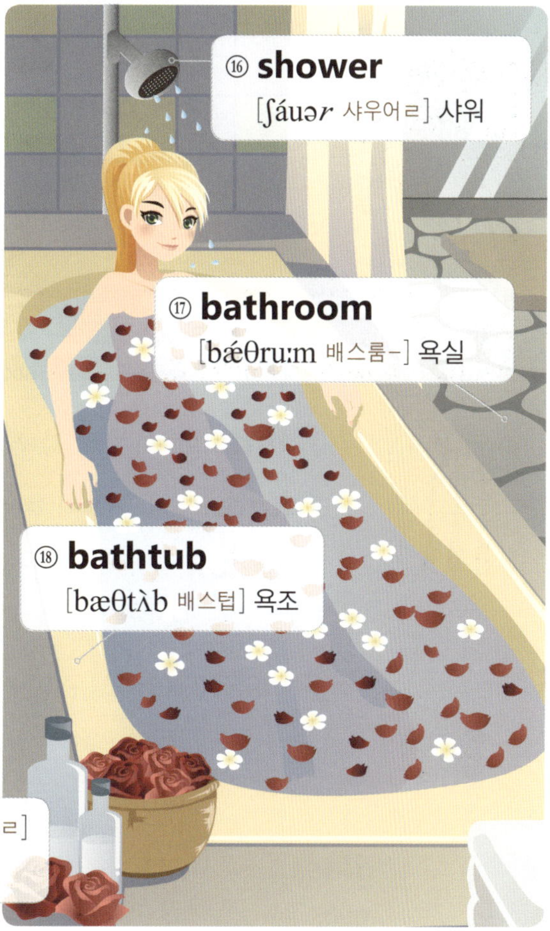
⑯ shower
[ʃáuər 샤우어ㄹ] 샤워
⑰ bathroom
[bǽθruːm 배스룸-] 욕실
⑱ bathtub
[bæθtʌ̀b 배스텁] 욕조

11 부엌에서 볼 수 있는 단어

① **kitchen** [kítʃin 키친] 부엌

② **microwave oven** [máikrouwèiv ʌ́vən 마이크로우웨이브 어번] 전자레인지

③ **cutting board** [kʌ́tiŋ bɔːrd 커팅 보-ㄹ드] 도마

④ **can** [kæn 캔] 통조림

⑤ **stove** [stouv 스토우브] 레인지

⑥ **fork** [fɔːrk 포-ㄹ크] 포크
⑦ **knife** [naif 나이프] 칼
⑧ **spoon** [spuːn 스푼-] 숟가락

⑨ **chopsticks** [tʃɑ́pstìk 찹스틱] 젓가락

⑩ **jar** [dʒɑːr 자-ㄹ] (입구가 넓은) 병

⑪ **bowl** [boul 보울] 사발, 공기

⑫ **glass** [glæs 글래스] 유리잔

⑬ **dish** [diʃ 디쉬] (깊은) 접시

122

⑭ **ladle**
[leidl 레이들] 국자

⑮ **pot** [pɑt 팟]
냄비

⑯ **bottle**
[bátl 바틀] 병

⑰ **cupboard**
[kʌ́bərd 컵버ㄹ드] 찬장

⑱ **plate** [pleit 플레이트]
(보통 납작하고 둥근) 접시

⑲ **faucet**
[fɔ́:sit 포−싯]
수도꼭지

⑳ **cup** [kʌp 컵] 컵, 찻종

㉑ **sink** [siŋk 씽크] 씽크대

㉒ **frying pan**
[fráiiŋ pæn 프라잉 팬] 프라이팬

㉓ **kettle**
[kétl 케틀] 주전자

㉔ **freezer**
[frízəːr 프리저−ㄹ] 냉동고

㉕ **refrigerator**
[rifrídʒərèitər 리프리저레이터ㄹ]
냉장고

㉖ **oven**
[ʌvn 어븐] 오븐

123

12 옷과 장신구를 나타내는 단어

① **clothing** [klóuðiŋ 클로우딩] 옷

② **muffler** [mʌ́flər 머플러ㄹ] 머플러
③ **shoes** [ʃuːz 슈-즈] 구두
③ **gloves** [glʌvz 글러브즈] 장갑
④ **tie** [tai 타이] 넥타이
⑤ **button** [bʌ́tn 버튼] 단추
⑥ **jacket** [dʒǽkit 재킷] 재킷
⑦ **pants** [pænts 팬츠] 바지
⑧ **shirt** [ʃəːrt 셔-르트] 와이셔츠
⑨ **pocket** [pákit 파킷] 호주머니
⑩ **handkerchief** [hǽŋkərtʃif 행커ㄹ치프] 손수건
⑪ **belt** [belt 벨트] 벨트
⑫ **glasses** [glǽsiz 글래시즈] 안경
⑬ **sneakers** [sníːkərz 스니-커ㄹ즈] 운동화

⑭ **wallet** [wɔ́lit 월릿] 지갑

⑮ **handbag** [hǽndbæg 핸드백] 핸드백

⑯ **high heels** [hai hi:lz 하이 힐-즈] 하이힐

⑰ **coat** [kout 코우트] 코트, 외투

⑱ **blouse** [blaus 블라우스] 블라우스

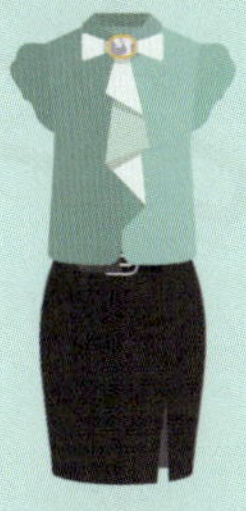

⑲ **dress** [dres 드레스] 드레스

⑳ **skirt** [skə:rt 스커-ㄹ트] 스커트, 치마

㉑ **sweater** [swétər 스웨터ㄹ] 스웨터

㉒ **ring** [riŋ 링] 반지

㉓ **bracelet** [breislət 브레이슬럿] 팔찌

㉔ **watch** [watʃ 와취] 시계

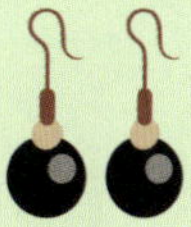

㉕ **necklace** [néklis 네클리스] 목걸이

㉖ **earing** [íəriŋ 이어링] 귀걸이

㉗ **jeans** [dʒi:nz 진-즈] 청바지

㉘ **boots** [bu:ts 부-츠] 부츠

㉙ **hat** [hæt 햇] 모자

㉚ **socks** [saks 싹스] 양말

㉛ **umbrella** [ʌmbrélə 엄브렐러] 우산

㉜ **cap** [kæp 캡] (양태 없는) 모자

13 도시에서 볼 수 있는 단어

① **town** [taun 타운] 도시

② **avenue** [ǽvənjùː 애버뉴-] 대로
③ **bus** [bʌs 버스] 버스
④ **bus stop** [bʌs stap 버스 스탑] 버스정류장
⑤ **street** [striːt 스트리-트] 거리
⑥ **crosswalk** [krɔːswɔ̀ːk 크로-스워-크] 횡단보도
⑦ **sidewalk** [sáidwɔ̀ːk 싸이드워-크] 보도, 인도
⑧ **traffic lights** [trǽfik laits 트래픽 라이츠] 교통신호
⑨ **intersection** [ìntərsékʃən 인터ㄹ섹션] 교차로

⑩ **station** [stéiʃən 스테이션] 정거장
⑪ **bridge** [bridʒ 브리쥐] 다리
⑫ **pool** [puːl 풀-] 수영장
⑬ **zoo** [zu 주-] 동물원
⑭ **library** [láibrèri 라이브레리] 도서관
⑮ **stadium** [stéidiəm 스테이디엄] 경기장
⑯ **bank** [bæŋk 뱅크] 은행
⑰ **theater** [θíːətər 씨-어터ㄹ] 극장

㉕ **gymnasium**
[dʒimnéiziəm 짐네이지엄] 실내체육관

㉖ **bookstore**
[búkstɔ̀ːr 북스토어-ㄹ] 서점

㉗ **subway station**
[sʌ́bwèi stéiʃən 썹웨이 스테이션] 지하철역

㉘ **restaurant**
[réstərənt 레스터런트] 레스토랑

㉙ **supermarket**
[súːpərmàːrkit 슈-퍼르마-ㄹ킷] 슈퍼마켓

㉚ **museum**
[mjuːzíːəm 뮤-지-엄] 박물관, 미술관

14 교실에서 볼 수 있는 단어

① **classroom** [klǽsru:m 클래스룸-] 교실
② **teacher** [tí:tʃəːr 티-쳐-ㄹ] 선생님
③ **bulletin board** [búlətin bɔːrd 블러틴 보-ㄹ드] 게시판
④ **board** [bɔːrd 보-ㄹ드] 칠판
⑤ **student** [stjúːdənt 스튜-든트] 학생
⑥ **desk** [desk 데스크] 책상
⑦ **chair** [tʃɛər 체어ㄹ] 의자

⑧ **stationery** [steiʃəneri 스테이셔네리] 문구(류)

⑨ **globe** [gloub 글로우브] 지구본

⑩ **pencil sharpener** [pénsl ʃáːrpnər 펜슬 샤-르프너러] 연필깎이

⑪ **eraser** [iréisər 이레이저러] 지우개

⑫ **ruler** [ruːlər 룰-러러] 자

⑬ **book** [buk 북] 책

⑭ **pencil** [pénsl 펜슬] 연필

⑮ **glue** [gluː 글루-] 풀

⑯ **notebook** [nóutbùk 노우트북] 공책

⑰ **chalk** [tʃɔːk 쵸-크] 분필

⑱ **pencil case** [pénsl keis 펜슬 케이스] 필통

⑲ **paint** [peint 페인트] 물감

⑳ **textbook** [tékstbùk 텍스트북] 교과서

㉑ **map** [mæp 맵] 지도

㉒ **calendar** [kǽləndər 캘런더러] 달력

㉓ **paper** [péipər 페이퍼러] 종이

㉔ **Korean** [kəríːən 커리-언] 국어

㉕ **English** [íŋgliʃ 잉글리쉬] 영어

㉖ **math** [mæθ 매쓰] 수학

㉗ **history** [hístəri 히스터리] 역사

㉘ **art** [ɑːrt 아-르트] 미술

㉙ **music** [mjúːzik 뮤-직] 음악

㉚ **science** [sáiəns 싸이언스] 과학

15 스포츠 이름을 나타내는 단어

① **sport** [spɔːrt 스포-ㄹ츠] 스포츠, 운동

② **boxing** [báksiŋ 박싱] 권투

③ **baseball** [béisbɔ̀ːl 베이스볼-] 야구

④ **weightlifting** [wéitlìftiŋ 웨이트리프팅] 역도

⑤ **soccer** [sákəːr 싸커-ㄹ] 축구

⑥ **cycling** [sáikliŋ 싸이클링] 사이클링

⑦ **basketball** [bǽskitbɔ̀ːl 배스킷볼-] 농구

⑧ **tennis** [ténis 테니스] 테니스

⑨ **cricket** [kríkit 크리킷] 크리켓

⑩ **swimming**
[swímiŋ 스위밍] 수영

⑪ **skating**
[skéitiŋ 스케이팅] 스케이팅

⑫ **snowboard**
[snoubɔːrd 스노우보-ㄹ드] 스노보드

⑬ **skiing**
[skíːiŋ 스키-잉] 스키

⑭ **football**
[fútbɔ̀ːl 풋볼-] 미식축구

⑮ **volleyball** [válibɔ̀ːl 발리볼-] 배구

⑯ **hand ball** [hændɔ̀ːl 핸즈볼-] 핸드볼

⑰ **badminton**
[bǽdmintən 배드민턴] 배드민턴

⑱ **bowling** [bóuliŋ 보울링] 볼링

⑲ **softball**
[sɔ́ːftbɔ̀ːl 소-프트볼-] 소프트볼

⑳ **squash** [skwɔʃ 스쿼쉬] 스쿼시

㉑ **hockey** [háki 하키] 하키

㉒ **wrestling** [résliŋ 레슬링] 레슬링

㉓ **table tennis**
[téibəl ténis 테이블 테니스] 탁구

㉔ **golf** [gɔlf 걸프] 골프

㉕ **jogging** [dʒágiŋ 자깅] 조깅

16 과일과 채소 이름을 나타내는 단어

① **fruit** [fruːt 프루-트] 과일
② **banana** [bənǽnə 버내너] 바나나
③ **lemon** [lémən 레먼] 레몬
④ **watermelon** [wɔ́ːtərmèlən 워-터-ㄹ멜런] 수박
⑤ **orange** [ɔ́rindʒ 오린쥐] 오렌지
⑥ **strawberry** [strɔ́ːbèri 스트로-베리] 딸기
⑦ **peach** [piːtʃ 피-취] 복숭아
⑧ **grape** [greip 그레이프] 포도
⑨ **pear** [pɛər 페어ㄹ] 배
⑩ **apple** [ǽpl 애플] 사과
⑪ **pineapple** [páinæpl 파인애플] 파인애플

⑫ **vegetable** [védʒətəbəl 베쥐터블] 채소

⑭ **cucumber**
[kjúːkəmbər 큐-컴버ㄹ] 오이

⑬ **cabbage**
[kǽbidʒ 캐비쥐] 양배추

⑮ **eggplant**
[egplænt 에그플랜트] 가지

⑰ **pumpkin**
[pʌ́mpkin 펌프킨] 호박

⑯ **tomato**
[təméitou 터메이토우]
토마토

⑱ **potato**
[pətéitou 퍼테이토우] 감자

⑳ **carrot** [kǽrət 캐럳] 당근

⑲ **garlic**
[gáːrlik 갈-릭] 마늘

㉒ **onion** [ʌ́njən 어니언] 양파

㉑ **pepper**
[pépər 페퍼ㄹ] 피망

㉓ **bean**
[biːn 빈-] 콩

㉔ **beet**
[biːt 비-트] 비트

㉕ **broccoli**
[brɔ́kəli 브러컬리] 브로콜리

17 동물과 가축의 이름을 나타내는 단어

① **animal** [ǽnəməl 애너멀] 동물

② **elephant** [éləfənt 엘러펀트] 코끼리

③ **rhinoceros** [rainásərəs 라나서러스] 코뿔소

④ **lion** [láiən 라이언] 사자

⑤ **goat** [gout 고우트] 염소

⑥ **cow** [kau 카우] 소

⑦ **horse** [hɔːrs 호-ㄹ스] 말

⑧ **sheep** [ʃiːp 쉽-] 양

⑨ **pig** [pig 피그] 돼지

⑩ **giraffe** [ʤəræf 저래프] 기린
⑪ **hippo** [hípou 히포우] 하마
⑫ **zebra** [zíːbrə 지-브러] 얼룩말
⑬ **leopard** [lépəːrd 레퍼-ㄹ드] 표범
⑭ **crocodile** [krákədàil 크라커다일] 악어

⑮ **wolf** [wulf 울프] 늑대
⑯ **deer** [diər 디어ㄹ] 사슴
⑰ **camel** [kǽməl 캐멀] 낙타
⑱ **tiger** [táigər 타이거ㄹ] 호랑이
⑲ **gorilla** [gərílə 거릴러] 고릴라
⑳ **monkey** [mʌ́ŋki 멍키] 원숭이
㉑ **rabbit** [rǽbit 래빗] 토끼
㉒ **frog** [frɔːg 프러-그] 개구리

㉓ **mouse** [maus 마우스] 생쥐
㉔ **dog** [dɔg 독] 개
㉕ **cat** [kæt 캩] 고양이
㉖ **ostrich** [ɔ́(ː)stritʃ 어(-)스트리취] 타조
㉗ **fox** [fɑks 팍스] 여우
㉘ **tortoise** [tɔ́ːrtəs 터-ㄹ터스] 육지거북
㉙ **bear** [bɛər 베어ㄹ] 곰
㉚ **snake** [sneik 스네이크] 뱀

18 바다동물과 새, 곤충의 이름을 나타내는 단어

① **sea animals** [si: ǽnəməlz 씨- 애너멀즈] 바다동물

② **dolphin** [dɔ́lfin 돌핀] 돌고래
③ **shark** [ʃɑːrk 샤-ㄹ크] 상어
④ **turtle** [tə́ːrtl 터-ㄹ틀] 바다거북
⑤ **whale** [hweil 웨일] 고래
⑥ **shell** [ʃel 쉘] 조개
⑦ **squid** [skwid 스퀴드] 오징어
⑧ **crab** [kræb 크랩] 게

⑨ **lobster** [lábstər 랍스터ㄹ] 바닷가재
⑪ **shrimp** [ʃrimp 쉬림프] 새우
⑩ **seal** [siːl 씨일-] 물개
⑫ **octopus** [ɔ́ktəpəs 옥터퍼스] 문어

⑬ **bird** [bəːrd 버-ㄹ드] 새

⑭ **parrot** [pǽrət 패럳] 앵무새　⑮ **crow** [krou 크로우] 까마귀　⑯ **chicken** [tʃíkin 취킨] 닭　⑰ **duck** [dʌk 덕] 오리

 ⑱ **penguin** [péŋgwin 펭귄] 펭귄　 ⑲ **pigeon** [pídʒən 피젼] 비둘기

⑳ **insect** [ínsekt 인섹트] 곤충

㉑ **bee** [biː 비-] 벌　㉒ **ant** [ænt 앤트] 개미　㉓ **spider** [spáidər 스파이더ㄹ] 거미

 ㉔ **dragonfly** [drǽgənflài 드래건플라이] 잠자리　 ㉕ **butterfly** [bʌ́tərflài 버터ㄹ플라이] 나비

㉖ **bat** [bæt 뱉] 박쥐

㉗ **swan** [swɑn 스완] 백조

㉘ **sea gull** [siː gʌl 씨- 걸] 갈매기

㉙ **swallow** [swɑ́lou 스왈로우] 제비

㉚ **moth** [mɔ(ː)θ 머(-)쓰] 나방

㉛ **fly** [flai 플라이] 파리

㉜ **mosquito** [məskíːtou 머스키-토우] 모기

㉝ **worm** [wəːrm 워-ㄹ엄] 벌레

19 직업을 나타내는 단어

① **soldier** [sóuldʒəːr 쏘울져-ㄹ] 군인

② **actress** [ǽktris 액트리스] 여배우

③ **fire fighter** [fáiər fáitər 파이어ㄹ 파이터ㄹ] 소방관

④ **cook** [kuk 쿡] 요리사

⑤ **stewardess** [stjúːərdis 스튜-어-ㄹ디스] 스튜어디스

⑥ **pilot** [páilət 파일럿] 조종사

⑦ **postman** [póustmən 포우스트먼] 우편배달부

⑧ **police officer** [pəlíːs ɔ́(ː)fisər 펄리-스 어(-)피서ㄹ] 경찰관

⑨ **waitress**
[wéitris 웨이트리스] 웨이트리스

⑩ **waiter**
[wéitəːr 웨이터-ㄹ] 웨이터

⑪ **teacher**
[tíːtʃəːr 티-쳐-ㄹ] 교사

⑫ **farmer**
[fáːrmər 파-ㄹ머ㄹ] 농부

⑬ **doctor**
[dáktər 닥터ㄹ] 의사

⑭ **nurse**
[nəːrs 너-ㄹ스] 간호사

⑮ **reporter** [ripɔ́ːrtəːr 리퍼-ㄹ터-ㄹ] 기자

⑯ **lawyer** [lɔ́jəːr 러이어-ㄹ] 변호사

⑰ **fisher man** [fíʃərmən 피셔ㄹ먼] 어부

⑱ **taxi driver** [tǽksi dráivər 택시 드라이버ㄹ] 택시기사

⑲ **barber** [báːrbər 바-ㄹ버ㄹ] 이발사

⑳ **scientist** [sáiəntist 싸이언티스트] 과학자

㉑ **actor** [ǽktər 액터ㄹ] 배우

㉒ **hair dresser** [hɛər drèsər 헤어ㄹ 드레서ㄹ] 미용사

㉓ **artist** [áːrtist 아-ㄹ티스트] 미술가

㉔ **writer** [ráitər 라이터ㄹ] 작가

20 자연에서 볼 수 있는 단어

① **nature** [néitʃər 네이처ㄹ] 자연

② **cloud** [kláud 클라우드] 구름
③ **rainbow** [réinbòu 레인보우] 무지개
④ **village** [vílidʒ 빌리지] 마을
⑤ **farm** [fá:rm 파-ㄹ암] 농장
⑥ **cattle** [kǽtl 캐틀] 소
⑦ **pond** [pánd 판드] 연못

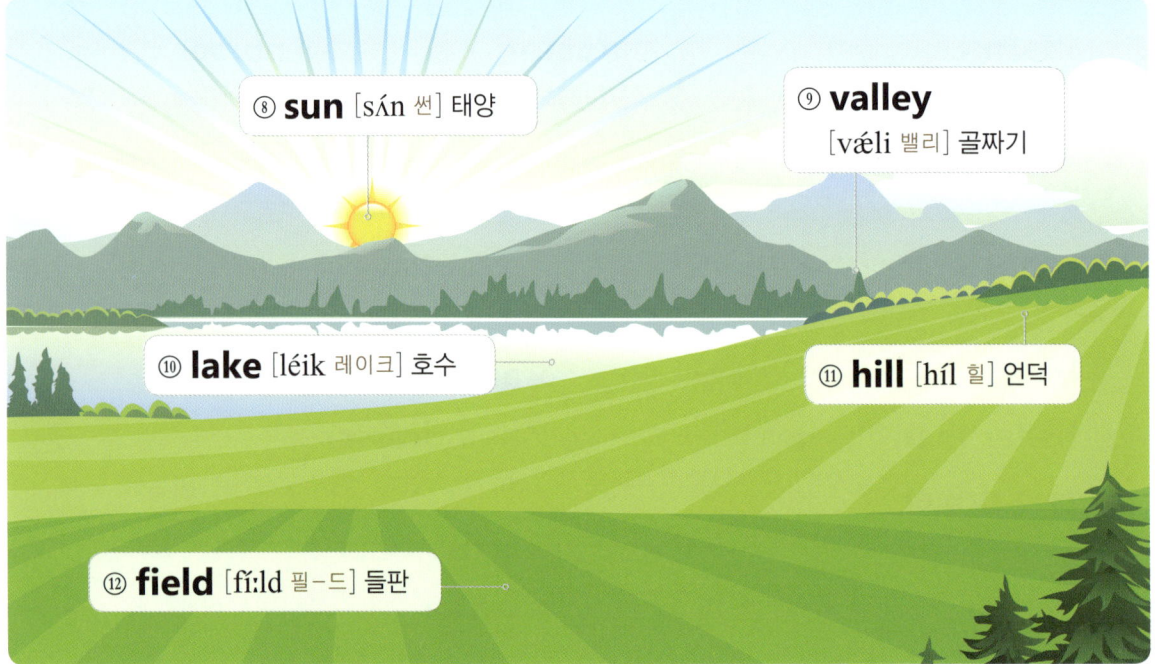

⑧ **sun** [sʌ́n 썬] 태양
⑨ **valley** [vǽli 밸리] 골짜기
⑩ **lake** [léik 레이크] 호수
⑪ **hill** [híl 힐] 언덕
⑫ **field** [fí:ld 필-드] 들판

⑬ mountain
[máuntən 마운튼] 산
⑭ forest
[fɔ́:rist 포-리스트] 숲
⑮ river [rívər 리버ㄹ] 강

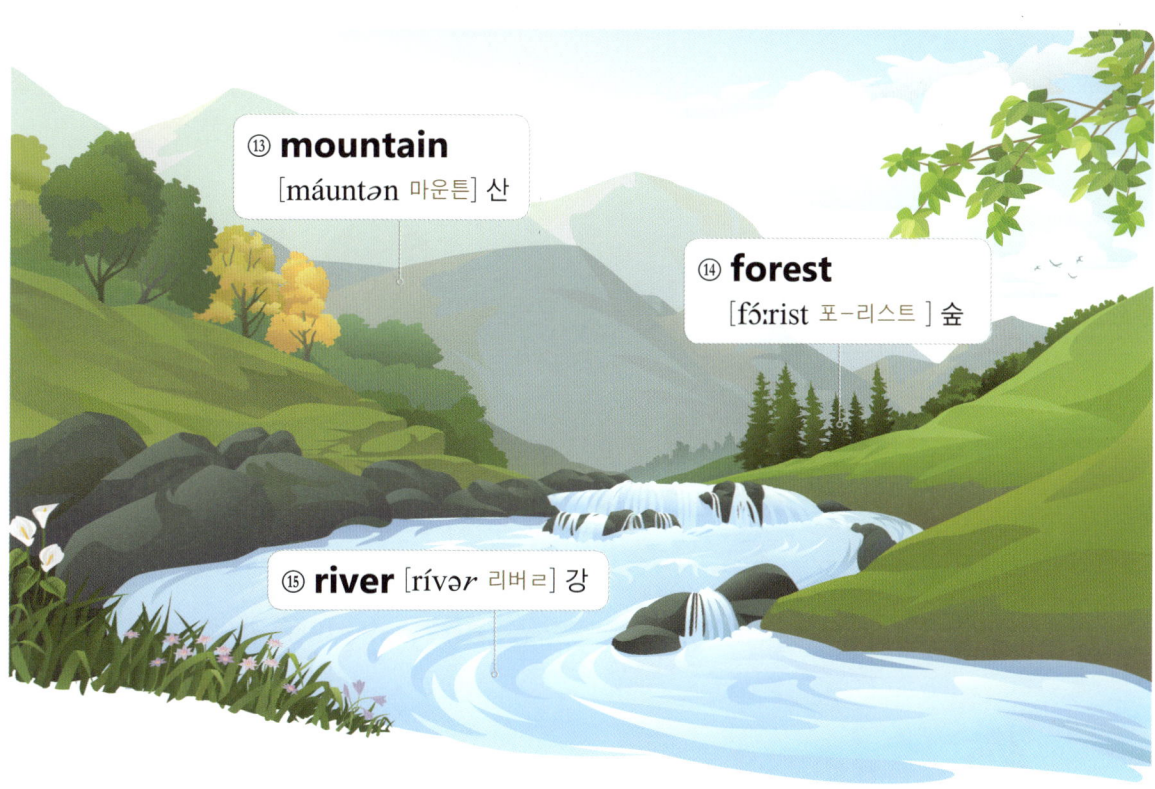

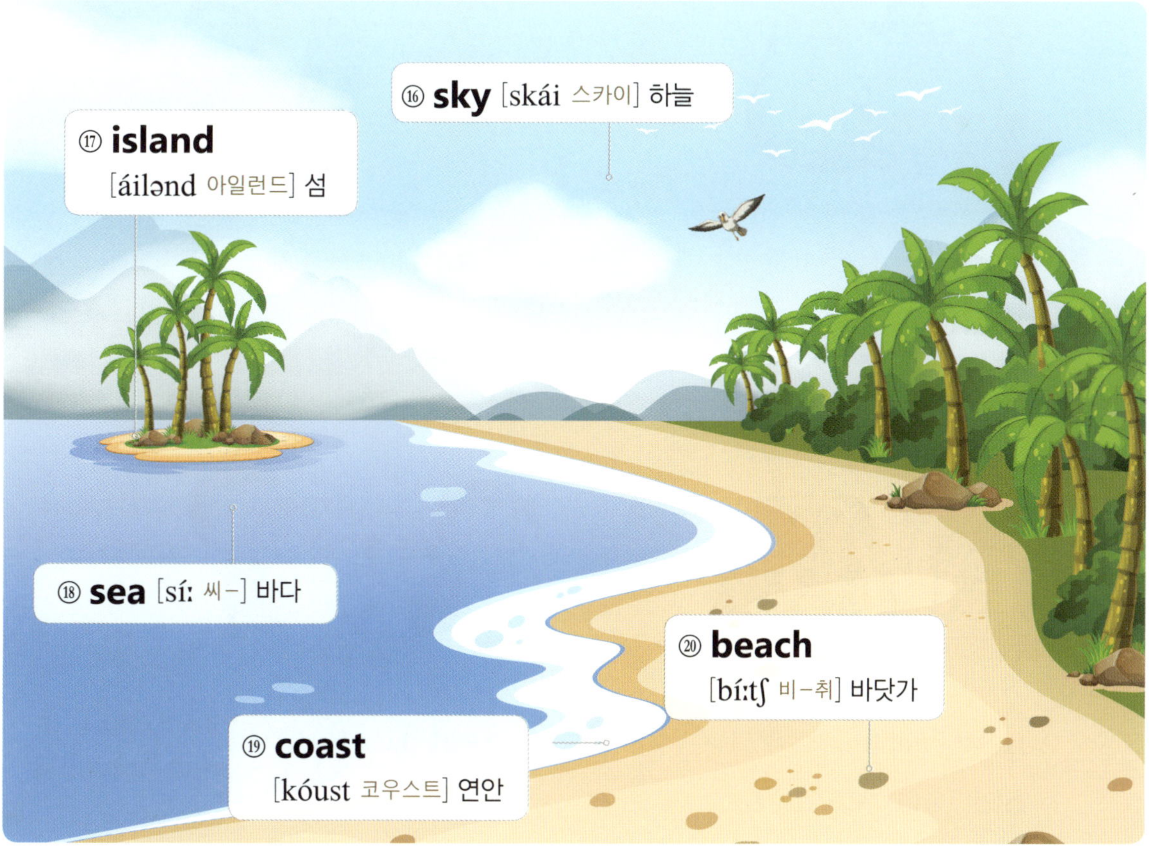

⑯ sky [skái 스카이] 하늘
⑰ island
[áilənd 아일런드] 섬
⑱ sea [sí: 씨-] 바다
⑳ beach
[bí:tʃ 비-취] 바닷가
⑲ coast
[kóust 코우스트] 연안

21 상태를 나타내는 단어

① **soft** [sɔft 소프트] 부드러운
② **hard** [hɑːrd 하-르드] 딱딱한

③ **clean** [kliːn 클린-] 깨끗한
④ **dirty** [dɑ́ːrti 더-르티] 더러운

⑤ **large** [lɑːrdʒ 라-르쥐] 큰
⑥ **small** [smɔːl 스멀-] 작은

⑦ **tall** [tɔːl 털-] 키 큰
⑧ **short** [ʃɔːrt 셔-르트] 키 작은, 짧은

⑨ **new** [njuː 뉴-] 새것의
⑩ **old** [ould 오울드] 오래된

⑪ **fast** [fæst 패스트] 빠른
⑫ **slow** [slou 슬로우] 느린

⑬ **light** [lait 라잍] 밝은
⑭ **dark** [dɑːrk 다-ㄹ크] 어두운

⑮ **difficult** [dífikʌlt 디피컬트] 어려운
⑯ **easy** [íːzi 이-지] 쉬운

⑰ **sad** [sæd 새드] 슬픈
⑱ **happy** [hǽpi 해피] 행복한

⑲ **good** [gud 굳] 좋은
⑳ **bad** [bæd 배드] 나쁜

㉑ **cold** [kould 코울드] 차가운/추운
㉒ **hot** [hɑt 핱] 뜨거운/더운

㉓ **smooth** [smuːð 스무-쓰] 부드러운
㉔ **rough** [rʌf 러프] 거친

㉕ **long** [lɔːŋ 렁-] 긴
㉖ **high** [hai 하이] 높은
㉗ **low** [lou 로우] 낮은
㉘ **rich** [ritʃ 리취] 부유한

㉙ **poor** [puər 푸어ㄹ] 가난한
㉚ **hungry** [hʌ́ŋgri 헝그리] 배고픈
㉛ **full** [ful 풀] 배부른
㉜ **young** [jʌŋ 영] 젊은

22 동작을 나타내는 단어

 ① **cry** [krai 크라이] 울다

 ② **eat** [iːt 이-트] 먹다

 ③ **read** [riːd 리-드] 읽다

 ④ **fight** [fait 파이트] 싸우다

 ⑤ **play** [plei 플레이] 놀다, 연주하다

 ⑥ **run** [rʌn 런] 뛰다

 ⑦ **sit** [sit 씰] 앉다

 ⑧ **walk** [wɔːk 워-크] 걷다

⑨ **look** [luk 룩] 보다

⑩ **write** [rait 라잍] 쓰다

⑪ **drink** [driŋk 드링크] 마시다

⑫ **talk** [tɔːk 토-크] 말하다

⑬ **drive** [draiv 드라이브] 운전하다

⑭ **cook** [kuk 쿡] 요리하다

⑮ **cut** [kʌt 컽] 자르다

⑯ **study** [stʌ́di 스터디] 공부하다

⑰ **feel** [fiːl 피-일] 느끼다

⑱ **pull** [pul 풀] 당기다

⑲ **push** [puʃ 푸쉬] 밀다

⑳ **go** [gou 고우] 가다

㉑ **come** [kʌm 컴] 오다

㉒ **stand** [stænd 스탠드] 일어서다

㉓ **swim** [swim 스윔] 수영하다

㉔ **hear** [hiər 히어ㄹ] 듣다, 들리다

㉕ **wash** [waʃ 와쉬] 씻다

㉖ **sing** [siŋ 씽] 노래하다

㉗ **dance** [dæns 댄스] 춤추다

㉘ **sleep** [sliːp 슬리-프] 잠자다

㉙ **make** [meik 메이크] 만들다

23 일상적인 인사말

A: **Good morning.**
B: **Good morning.**
굿 모닝

A: **Good afternoon.**
B: **Good afternoon.**
굿 앱터눈

A: **Good evening.**
B: **Good evening.**
굿 이브닝

A: **Good night.**
B: **Good night.**
굿 나잇

A: **Hi.**
B: **Hi.**
하이

A: **Hello.**
B: **Hello.**
헬로우

A: **Nice to meet you.**
B: **Nice to meet you, too.**
나이스 투 미트 유, 투

A: **How are you?**
하우 알 유

B: **Good, and you?**
굿, 앤드 유

A: **Long time no see.**
롱 타임 노 씨

B: **Long time.**
롱 타임

A: **See you later.**
씨 유 레이러

B: **See you.**
씨 유

Good morning.
아침에 일어나서 정오 사이에 만났을 때 쓰는 인사말입니다.

Good afternoon.
정오에서 대강 오후 5시 사이에 쓰는 인사말입니다.

Good evening.
어두워지기 시작할 때부터 저녁 사이에 쓰는 인사말입니다.

Good night.
밤에 헤어질 때 쓰는 인사말로 영화 등에서 자주 나오듯이 잠자리에 들 때도 씁니다.

Hi.
친구나 아는 사람을 만났을 때 하루의 어느 때나 가볍게 쓸 수 있는 인사말입니다.

Hello.
Hi보다 좀 더 공손한 표현으로 처음 만나거나 윗사람에게는 Hello를 쓰는 것이 좋습니다.

Nice to meet you.
'만나서 반갑습니다'의 뜻으로 처음 만났을 때 쓰는 인사말로 이에 대한 인사는 too를 써서 Nice to meet you, too.라고 합니다.

How are you?
'어떻게 지내세요?' 현재의 기분이나 컨디션을 묻는 말이지만 가벼운 인사말로도 쓰이며, 대답할 때는 Fine(Good), and you?라고 합니다.

Long time no see.
오랜만에 만난 친구에게 할 수 있는 인사말로 줄여서 Long time.이라고도 합니다.

See you later.
'다음에 보자'의 뜻으로 언제 만날지 모르지만 다시 만나게 될 사람과 헤어질 때 쓰는 인사말입니다.

24 소개와 고마움, 미안함을 표현하는 말

A: **This is my son Chang-ho.**
디스 이즈 마이 썬 창호

B: **How do you do.**
하우 두 유 두

A: **Thank you.**
탱큐

B: **You're welcome.**
유어ㄹ 웰컴

A: **Thank you for your help.**
탱큐 풔 유어ㄹ 핼프

B: **Not at all.**
낫 앳 올

A: **Thank you very much.**
탱큐 베리 머취

B: **My pleasure.**
마이 플레저

A: **Excuse me, what time is it?**
익스큐즈 미, 왓 타임 이즈 잇

B: **It's nine o'clock.**
잇츠 나인 어클락

A: **I'm sorry to bother you.**
아임 쏘리 투 바더르 유

B: **No problem.**
노 프라블럼

A: **I'm sorry.**
아임 쏘리

B: **That's all right.**
댓츠 올 롸잇

This is Chang-ho.
'이쪽은 창호야.' 의 뜻으로 소개하는 가장 간편한 패턴(This is 이름)입니다. 나와의 관계를 말할 때는 This is my son Chang-ho.(이쪽은 내 아들인 창호입니다.)라고 하면 됩니다.
또한, Let me introduce Chang-ho to you. (창호를 소개하겠습니다.)는 좀 더 격식을 차려서 소개할 때 쓰는 표현입니다.

How do you do.
상대에게 다른 사람을 소개받았을 때 하는 인사말로 우리말의 '처음 뵙겠습니다' 의 뜻입니다. Nice to meet you.보다 정중한 표현입니다.

Thank you.
가벼운 도움을 받았을 때 고마움을 나타낼 때 쓰이는 말로 줄여서 Thanks라고도 합니다.

Thank you very much.
큰 도움을 받았을 경우 고마움을 강조하고자 할 때 쓰는 표현입니다. Thank you so much.나 Thanks a lot.도 같은 뜻으로 쓰입니다.

You're welcome.
'천만에요' 의 뜻으로 고마움의 표시에 대한 가장 일반적으로 쓰이는 대로 더욱 공손하게 대답할 때는 Not at all.(별말씀을요, 아니에요.)라고도 합니다.

I'm sorry.
가장 일반적으로 미안함을 나타낼 때 쓰는 말로 줄여서 Sorry.라고도 합니다. 또한, 미안함을 강조하여 말할 때는 I'm so sorry.(정말 미안해요.)라고 합니다.

That's all right.
'괜찮습니다' 의 뜻으로 미안하다는 말에 가장 대표적으로 쓰이는 대답입니다. 그밖에 That's ok.나 아무 문제없다는 뜻으로 No problem.도 대답할 때 쓰입니다.

Excuse me.
'실례합니다' 의 뜻으로 아직 일어나지 않았지만 상대에게 피해를 줘야 할 경우 양해를 구할 때 쓰는 말입니다.

PART 4
문장으로 영어 익히기

기초 영문법 따라잡기① be동사

1 be동사가 뭐야?

be동사는 우리말의 '**이다, 존재하다, 있다**'에 해당하는 영어의 동사 중 하나로, 주어(문장의 주인공)의 움직임이 아닌 **상태를 나타내는 동사**입니다. be동사는 동사 중에서도 많이 쓰이며 종류로는 am, are, is가 있습니다. 주어와 be동사만으로 이루어진 문장은 완벽할 수 없기 때문에 반드시 형용사나 명사가 be동사 뒤에 와서 주어의 상태를 보충 설명해줍니다.

> 주어 + be동사 + <u>형용사 또는 명사</u>
> ↳ 주어가 어떤 상태인지, 어떤 것인지, 혹은 누구인지 보충설명

다음 문장을 자세히 살펴볼까요!

> I + am   나는 ~이다. → 어라 나는 뭐지? 이 문장만으로는 주어가 어떤 상태인지 알 수가 없다!
> 주어 동사
>
> I + am + **brave**. 나는 용감하다. / I + am + **a student**. 나는 학생이다.
>   형용사   명사

위의 문장에서 형용사 brave(용감한) 혹은 명사 student(학생)가 와서 주어 I의 상태, 직업 등을 설명해주고 있습니다. I am만으로 완전한 문장이 되는 경우도 있는데 이는 질문에 대한 대답에서만 가능합니다.

　　질문 : Are you a student? 넌 학생이니?　　대답 : Yes, I am (a student). 네, 맞습니다.

여기서는 Yes, I am.으로 대답할 수 있지만 그 뒤에 (a student)가 생략되어 있음을 알 수 있습니다.
또한 be동사는 '있다'라는 뜻으로도 쓰입니다.

　　I am here. 나는 여기에 있습니다.　　She's in Jong-ro. 그녀는 종로에 있습니다.

2 be동사의 변화형

be동사는 am, are, is라는 여러가지 분신이 있습니다. be동사는 시제(현재, 과거, 미래 시간의 범주)와 문장의 형태에 따라서 다르게 변신하여 사용되며, be동사 원형 그대로 쓰이기도 합니다.

원형	현재형	과거형	과거분사형
be	am, are, is	was, were	been

문장 속에서 be동사의 다양한 쓰임을 살펴보면,

❶ 진행형에서 '**be동사 + 동사ing**'의 형태로 '~하는 중이다'

　I **am** study**ing**. 나는 공부 중이다.

❷ 수동형에서 '**be동사 + 동사의 과거분사형**'의 형태로 '~되었다'

　My purse **was stolen**. 내 지갑을 도둑맞았다.

❸ 조동사 뒤나 명령형에서는 원형으로 쓰입니다.

　I will **be** a teacher. 나는 선생님이 될 거야. / **Be** quiet! 조용히 해.

너무 어렵다고요? be동사는 부르는 곳이 많아서 모양을 바꿔가며 여기저기 참 많이 쓰입니다. 일단 be동사의 형태만 알아 두고 나중에 문장에서 자세하게 익혀보세요.

3　인칭에 따른 be동사의 변화

주어는 가리키는 대상별로 1인칭, 2인칭, 3인칭으로 나눌 수 있는데 인칭(사람을 가리키는 범주)에 따라 쓰이는 be동사의 모양이 달라집니다. 여기서 단수는 '하나' 복수는 '여럿'을 가리킵니다. 문장을 활용할 때 반드시 알고 있어야 하므로 꼭 암기해 주세요.

단수	1인칭	I (나)	am	복수	1인칭	We (우리들)	are
	2인칭	You (너, 당신)	are		2인칭	You (당신들)	are
	3인칭	He (그, 그 남자)	is		3인칭	They (그들, 그것들)	are
		She (그녀, 그 여자)					
		It (그것)					

be동사는 주어와 함께 아래와 같이 줄여 쓸 수 있습니다. 실제 회화에서는 축약형을 많이 사용합니다.

I am = I'm　　　　We are = We're　　　You are = You're
You are = You're　He is = He's　　　　She is = She's
They are = They're　It is = It's

01 be동사 현재형 긍정문

~입니다, ~합니다

I am a student. 나는 학생입니다.
아이 엠 어 스튜–든트

I am happy. 나는 행복합니다.
아이 엠 해피

 be동사를 사용해서 '**현재의 사실**'을 나타내는 표현입니다. '**주어+be동사+명사**'로 나타내며, 명사 자리에는 이름, 직업 등을 넣을 수 있습니다. 그리고 명사가 단수이냐 복수이냐에 따라 단어 앞에 **a**나 단어 뒤에 **-s**를 붙인다는 것도 알아두세요. 또한, 명사 자리에 형용사가 오면 기분이나 모양, 상태 등을 나타냅니다.
*회화에서는 주로 **I am**(=**I'm**), **You are**(=**You're**), **He is**(=**He's**), **She is**(=**She's**), **We are**(**We're**), **They are**(=**They're**) 등으로 괄호 안처럼 축약해서 말합니다.

1 **You are tall.** 당신은 키가 크군요.
유 알 톨

2 **He is an American.** 그는 미국인입니다.
히 이즈 언 어메리컨

3 **She is busy.** 그녀는 바쁩니다.
쉬 이즈 비지

4 **We are singers.** 우리는 가수입니다.
위 알 싱어즈

5 **They are free.** 그들은 한가합니다.
데이 알 프리–

02 be동사 현재형 부정문

~이(가) 아닙니다. ~하지 않습니다

I am not a student.
아이 엠 낫 어 스튜-든트

나는 학생이 아닙니다.

I am not happy.
아이 엠 낫 해피

나는 행복하지 않습니다.

 be동사의 부정문은 be동사의 바로 다음에 부정임을 나타내는 **not**을 붙여줍니다. 부정을 나타내는 **not**은 반드시 be동사의 다음에 나와야 합니다. 그래서 **명사**가 오면 '**~이(가) 아닙니다**', **형용사**가 오면 '**~하지 않습니다**' 의 뜻이 됩니다. 주어의 인칭에 따라 **be동사**의 모양이 바뀌므로 주어에 맞는 각각의 **be동사**들을 반드시 알고 있어야 합니다.

1 **You are not tall.**
유 알 낫 톨

당신은 키가 크지 않군요.

2 **He is not an American.**
히 이즈 낫 언 어메리컨

그는 미국인이 아닙니다.

3 **She is not busy.**
쉬 이즈 낫 비지

그녀는 바쁘지 않습니다.

4 **We are not singers.**
위 알 낫 싱어즈

우리는 가수가 아닙니다.

5 **They are not free.**
데이 알 낫 프리-

그들은 한가하지 않습니다.

03 be동사 현재형 긍정의문문

~입니까? ~합니까?

Are you a student?
알 유 어 스튜-든트

당신은 학생입니까?

Are you happy?
알 유 해피

당신은 행복합니까?

be동사를 사용해서 '현재의 사실'을 묻는 표현입니다. be동사의 의문문은 긍정문에서 주어와 동사의 위치를 바꿔서 만듭니다. 따라서 'be동사+주어+명사(형용사)'는 우리말의 '~입니까?(~하지 않습니까?)'의 뜻이 됩니다. 그리고 의문문은 문장의 끝에 마침표 대신에 물음표(?)를 항상 붙여주세요. 그리고 **am not**은 **축약형이 없다**는 것도 알아두세요.

1 **Are** you tall?
   알 유 톨

   당신은 키가 큽니까?

2 **Is** he an American?
   이즈 히 언 어메리컨

   그는 미국인입니까?

3 **Is** she busy?
   이즈 쉬 비지

   그녀는 바쁩니까?

4 **Are** you singers?
   알 유 싱어즈

   당신들은 가수입니까?

5 **Are** they free?
   알 데이 프리-

   그들은 한가합니까?

04 be동사 현재형 부정의문문

~이(가) 아닙니까? ~하지 않습니까?

Are you not a student?
알 유 낫 어 스튜-든트

당신은 학생이 아닙니까?

Are you not happy?
알 유 낫 해피

당신은 행복하지 않습니까?

 be동사의 부정의문문은 not이 be동사의 뒤에 반드시 오게 된다고 알고 있습니다. 따라서 방법은 마찬가지로 be동사만 앞으로 옮겨주면 간단하게 의문문으로 만들 수 있습니다. be동사의 의문문은 긍정의문문이든 부정의문문이든지 be동사만 앞으로 오면 된다는 원리를 안다면 어려울 것이 없습니다.
*회화에서는 주로 Are you/they not(=Aren't you/they), Is he/she not(=Isn't he/she) 등으로 괄호 안처럼 축약해서 말합니다.

1 **Are you not tall?**
알 유 낫 톨

당신은 키가 크지 않습니까?

2 **Is he not an American?**
이즈 히 낫 언 어메리컨

그는 미국인이 아닙니까?

3 **Is she not busy?**
이즈 쉬 낫 비지

그녀는 바쁘지 않습니까?

4 **Are you not singers?**
알 유 낫 싱어즈

당신들은 가수가 아닙니까?

5 **Are they not free?**
알 데이 낫 프리-

그들은 한가하지 않습니까?

문장 만들기 Check it out!

✏️ 괄호 속의 단어를 사용하여 문장을 만들어보세요.

1. 나는 한국인입니다.(Korean)

2. 당신이 옳습니다.(right)

3. 나는 어른이 아닙니다.(adult)

4. 우리들은 피곤하지 않습니다.(tired)

5. 그는 세일즈맨입니까?(salesman)

6. 그녀는 화났습니까?(angry)

7. 그들은 기술자가 아닙니까?(engineer)

8. 당신들은 슬프지 않습니까?(sad)

Answers 1. I am a Korean. 2. You are right. 3. I am not an adult. 4. We are not tired. 5. Is he a salesman? 6. Is she angry? 7. Are they not engineers? 8. Are you not sad?

05 be동사 과거형 긍정문

~이었습니다, ~했었습니다

I was a student.   나는 학생이었습니다.
아이 워즈 어 스튜-든트

I was happy.   나는 행복했습니다.
아이 워즈 해피

 be동사의 과거형은 was와 were가 있습니다. 이 동사들도 마찬가지로 인칭에 따라 변화합니다. 여기서는 보충해주는 말들이 명사일 경우에는 우리말의 '~이었습니다'로, 형용사일 경우에는 '~했습니다'로 해석하면 됩니다.

1 **You were rich.**   당신은 부유했었군요.
유 워르 리치

2 **He was a teacher.**   그는 선생이었습니다.
히 워즈 어 티-처르

3 **She was busy.**   그녀는 바빴습니다.
쉬 워즈 비지

4 **We were singers.**   우리는 가수였습니다.
위 워르 싱어즈

5 **They were free.**   그들은 한가했습니다.
데이 워르 프리-

06 be동사 과거형 부정문

~이(가) 아니었습니다, ~하지 않았습니다

I was not a student.
아이 워즈 낫 어 스튜-든트

나는 학생이 아니었습니다.

I was not happy.
아이 워즈 낫 해피

나는 행복하지 않았습니다.

be동사 과거형의 부정문은 be동사 현재형의 부정문과 마찬가지로 be동사 뒤에 **not**을 붙이면 간단하게 만들 수 있습니다. '**was/were not**+명사(형용사)'의 형태일 경우에는 '~이(가) 아니었습니다(~하지 않았습니다)'로 해석합니다.
*회화에서는 주로 **was not**(=**wasn't**), **were not**(=**weren't**)로 괄호 안처럼 축약해서 말합니다.

1 **You were not rich.**
   유 워ㄹ 낫 리치

   당신은 부유하지 않았군요.

2 **He was not a teacher.**
   히 워즈 낫 어 티-처ㄹ

   그는 선생이 아니었습니다.

3 **She was not busy.**
   쉬 워즈 낫 비지

   그녀는 바쁘지 않았습니다.

4 **We were not singers.**
   위 워ㄹ 낫 싱어즈

   우리는 가수가 아니었습니다.

5 **They were not free.**
   데이 워ㄹ 낫 프리-

   그들은 한가하지 않았습니다.

07 be동사 과거형 긍정의문문

~이었습니까? ~했었습니까?

Were you a student?
워ㄹ 유 어 스튜-든트

Were you happy?
워ㄹ 유 해피

당신은 학생이었습니까?

당신은 행복했습니까?

 be동사 과거형 의문문은 현재형과 마찬가지로 **be동사**가 앞으로 나오기만 하면 됩니다. 'Was/Were+주어+명사(형용사)'의 형태로 '~이었습니까?(~했었습니까?)'로 해석하며, 의문문이므로 물음표(?)를 붙이는 것을 잊어서는 안 됩니다.

1 **Were you rich?**
워ㄹ 유 리치

당신은 부유했습니까?

2 **Was he a teacher?**
워즈 히 어 티-처ㄹ

그는 선생이었습니까?

3 **Was she busy?**
워즈 쉬 비지

그녀는 바빴습니까?

4 **Were you singers?**
워ㄹ 유 싱어즈

당신들은 가수였습니까?

5 **Were they free?**
워ㄹ 데이 프리-

그들은 한가했습니까?

08 be동사 과거형 부정의문문

~이(가) 아니었습니까? ~하지 않았습니까?

Were you not a student?
워ㄹ 유 낫 어 스튜-든트

당신은 학생이 아니었습니까?

Were you not happy?
워ㄹ 유 낫 해피

당신은 행복하지 않았습니까?

be동사 과거형 의문문은 현재형과 마찬가지로 be동사가 앞으로 나오기만 하면 됩니다. 꼭 잊지 말아야 할 것은 의문문엔 물음표(?)를 붙여야 한다는 것과 문장 맨 처음에는 무조건 대문자라는 것입니다.
*회화에서는 주로 **Was he/she not**(=**Wasn't he/she**), **Were you/they not**(=**Weren't you/they**)로 괄호 안처럼 축약해서 말합니다.

1 **Were you not rich?**
워ㄹ 유 낫 리치

당신은 부유하지 않았습니까?

2 **Was he not a teacher?**
워즈 히 낫 어 티-처ㄹ

그는 선생이 아니었습니까?

3 **Was she not busy?**
워즈 쉬 낫 비지

그녀는 바쁘지 않았습니까?

4 **Were you not singers?**
워ㄹ 유 낫 싱어즈

당신들은 가수가 아니었습니까?

5 **Were they not free?**
워ㄹ 데이 낫 프리-

그들은 한가하지 않았습니까?

문장 만들기 Check it out!

✏️ **괄호 속의 단어를 사용하여 문장을 만들어보세요.**

1 나는 한국인이었습니다(Korean).

2 당신이 옳았습니다(right).

3 나는 어른이 아니었습니다.(adult)

4 우리들은 피곤하지 않았습니다.(tired)

5 그는 세일즈맨이었습니까?(salesman)

6 그녀는 화났었습니까?(angry)

7 그들은 기술자가 아니었습니까?(engineer)

8 당신들은 슬프지 않았습니까?(sad)

Answers 1. I was a Korean. 2. You were right. 3. I was not an adult. 4. We were not tired. 5. Was he a salesman? 6. Was she angry? 7. Were they not engineers? 8. Were you not sad?

기초 영문법 따라잡기❷ 일반동사

1 일반동사가 뭐야?

일반동사는 Be동사(am, are, is)와 조동사(will, must, should ...)를 제외한 have(가지다), like(좋아하다), study(공부하다) 등과 같은 모든 동사를 말합니다. **영어는 동사 중심의 언어**라고 할 수 있습니다. 단어 혼자서도 의미를 전달할 수 있고, 문장에 대한 가장 많은 정보를 전달하는 것도 동사이기 때문입니다. 동사의 모양만 보면 주어가 몇 인칭인지, 시제가 현재 과거 미래인지, 능동 수동인지 등에 대해 알 수 있습니다.

2 인칭에 따른 동사의 사용 규칙

일반동사도 be동사와 마찬가지로 인칭에 따라 변화를 하지만, 다행이도 3인칭 단수에서만 변화를 합니다. 3인칭 단수는 she, he, it과 같은 주어들입니다. 이런 주어가 앞에 오면 동사에 -s나 -es를 붙여줘야 합니다.

예) walk 걷다, 걸어간다 – walks

1인칭	I	walk	to school everyday.
	We		
2인칭	You		
3인칭(복수)	They		
3인칭(단수)	He, She, Annie	walks	

❶ 동사의 끝 음절이 -s, -x, -sh, -ch, -o로 끝나는 동사는 끝나게 되면 –es를 붙이게 됩니다. 발음을 쉽게 하기 위해서입니다.

　go - goes　　　relax - relaxes　　　pass - passes

❷ 동사의 끝 음절이 y로 끝나게 되면 y를 i로 고치고 그 뒤에 –es를 붙입니다.

　study - studies　　carry - carries　　　try - tries

❸ 예외로 have(가지다)라는 동사는 3인칭 단수에서 haves가 아니라 has로 변합니다.

3 일반동사의 변화형

일반동사도 앞의 be동사와 마찬가지로 과거, 과거분사형이 있습니다. 일반동사는 동사의 원형에 -(e)d를 붙여 과거, 과거분사형을 만드는 규칙동사와, 불규칙한 형태로 과거, 과거분사형이 되는 불규칙동사로 나눌 수 있습니다.

❶ 동사의 끝 음절이 -e로 끝나는 동사는 -d를 붙입니다.

   like - liked - liked

❷ 동사의 끝 음절이 y로 끝나게 되면 y를 i로 고치고 그 뒤에 -ed를 붙입니다.

   study - studied - studied

❸ 동사의 끝 음절이 '짧게 발음하는 모음과 자음'으로 끝나는 단음절 동사는 마지막 자음을 하나 더 써주고 -ed를 붙입니다.

   stop - stopped - stopped

❹ 그 밖의 규칙동사는 모두 어미에 -ed를 붙여 과거와 과거분사형을 만듭니다. 불규칙 동사는 변화 유형별로 나누기도 하지만, 사전을 보고 틈틈이 소리를 내어보면서 외워두는 것이 좋습니다.

   put - put - put   come - came - come   begin - began - begun

일반동사의 현재형이나 과거형, 분사형을 만드는 데는 위의 기본적인 규칙 외에도 약간의 예외들이 있습니다. 그러므로 이런 단어의 규칙은 따로 정리하고 연습을 통해 알아두시기 바랍니다.

4 do와 does

일반동사는 be동사와 달리 부정문이나 의문문을 만들 때 do동사를 사용합니다. 인칭에 따라서 do나 does를 구분해서 문장을 만듭니다. 이때, do/does로 인칭을 구별할 수 있기 때문에 동사 뒤에는 -s나 -es를 붙일 필요가 없습니다.

인칭	주어	부정	
1인칭	I	do not / don't	walk to school everyday.
	We		
2인칭	You		
3인칭(복수)	They		
3인칭(단수)	He, She, Annie	does not / doesn't	

09 일반동사 현재형 긍정문

~합니다

I like ice cream.
아이 라잌 아이스 크림

나는 아이스크림을 좋아합니다.

He likes ice cream.
히 라잌스 아이스 크림

그는 아이스크림을 좋아합니다.

 일반동사가 현재를 나타내는 현재형을 사용하는 모양은 **기본형**입니다. **be동사**처럼 일일이 인칭마다 변화를 하지 않지만 **3인칭 단수**에서는 **-s(es)**가 붙어서 변화하니 신경을 써주어야 합니다.

1 **I need his car.**
아이 니드 히즈 카ㄹ

나는 그의 차가 필요합니다.

2 **He opens the door.**
히 오픈즈 더 도어ㄹ

그는 문을 엽니다.

3 **She plays golf.**
쉬 플레이즈 골프

그녀는 골프를 합니다.

4 **We have a computer.**
위 해브 어 컴퓨터ㄹ

우리는 컴퓨터를 갖고 있습니다.

5 **They live in Seoul.**
데이 리브 인 서울

그들은 서울에 삽니다.

10 일반동사 현재형 부정문

~하지 않습니다

I do not like ice cream.
아이 두 낫 라익 아이스 크림

나는 아이스크림을 좋아하지 않습니다.

He does not like ice cream.
히 더즈 낫 라익 아이스 크림

그는 아이스크림을 좋아하지 않습니다.

 일반동사 현재형을 부정문으로 만드는 것은 **동사** 앞에 **do**(**does**) **not**을 붙이면 됩니다. 줄이면 **don't/ doesn't**가 됩니다. 부정문으로 만드는 조동사로 이해하시면 됩니다. 3인칭 단수에서만 **does not** 인 걸 알 수 있습니다. 앞의 **does**에서 –**es**가 붙었으니, 당연히 동사 **likes**에서 –**s**가 빠져 **like**가 됨을 알 수 있습니다.

1   **I do not need his car.**
    아이 두 낫 니드 히즈 카ㄹ

나는 그의 차가 필요하지 않습니다.

2   **He does not open the door.**
    히 더즈 낫 오픈 더 도어ㄹ

그는 문을 열지 않습니다.

3   **She does not play golf.**
    쉬 더즈 낫 플레이 골프

그녀는 골프를 하지 않습니다.

4   **We do not have a computer.**
    위 두 낫 해브 어 컴퓨터ㄹ

우리는 컴퓨터를 갖고 있지 않습니다.

5   **They do not live in Seoul.**
    데이 두 낫 리브 인 서울

그들은 서울에 살지 않습니다.

167

11 일반동사 현재형 긍정의문문

~합니까?

Do you like ice cream?
두 유 라잌 아이스 크림

Does he like ice cream?
더즈 히 라잌 아이스 크림

당신은 아이스크림을 좋아하나요?

그는 아이스크림을 좋아합니까?

의문문으로 바꾸는 것은 앞서 부정문에서 사용했던 **do/does**가 문장의 맨 앞으로 나오면 간단하게 만들 수 있습니다. **3인칭 단수**에서만 **Does**가 앞으로 나옴으로써 동사 **likes**가 **-s**가 빠지고 **like**로 되는 것을 주의하면 됩니다. 왜냐하면 이미 조동사 **does**에서 3인칭 단수임을 나타냈으니 중복표현은 하지 않습니다.

1 **Do** you need his car?
두 유 니드 히즈 카ㄹ

당신은 그의 차가 필요합니까?

2 **Does** he open the door?
더즈 히 오픈 더 도어ㄹ

그는 문을 엽니까?

3 **Does** she play golf?
더즈 쉬 플레이 골프

그녀는 골프를 합니까?

4 **Do** you have a computer?
두 유 해브 어 컴퓨터ㄹ

당신들은 컴퓨터를 갖고 있습니까?

5 **Do** they live in Seoul?
두 데이 리브 인 서울

그들은 서울에 삽니까?

12 일반동사 현재형 부정의문문

~하지 않습니까?

Do you not like ice cream?
두 유 낫 라잌 아이스 크림

당신은 아이스크림을 좋아하지 않습니까?

Does she not like ice cream?
더즈 쉬 낫 라잌 아이스 크림

그녀는 아이스크림을 좋아하지 않습니까?

일반동사 부정의문문은 부정문 형태에서 인칭에 따라 **do**와 **does**를 맨 앞으로 끄집어내어 말하면 '~하지 않습니까?'라는 부정의문문이 됩니다. 줄여서 말할 때는 인칭에 따라 **Don't**나 **Doesn't**가 문장의 맨 앞으로 가주면 됩니다.

1 **Do you not need his car?**
두 유 낫 니드 히즈 카ㄹ

당신은 그의 차가 필요하지 않습니까?

2 **Does he not open the door?**
더즈 히 낫 오픈 더 도어ㄹ

그는 문을 열지 않습니까?

3 **Does she not play golf?**
더즈 쉬 낫 플레이 골프

그녀는 골프를 하지 않습니까?

4 **Do you not have a computer?**
두 유 낫 해브 어 컴퓨터ㄹ

당신들은 컴퓨터를 갖고 있지 않습니까?

5 **Do they not live in Seoul?**
두 데이 낫 리브 인 서울

그들은 서울에 살지 않습니까?

169

문장 만들기 Check it out!

✏️ 괄호 속의 단어를 사용하여 문장을 만들어보세요.

1. 나는 당신을 사랑합니다.(love)
   ▶

2. 그녀는 열심히 공부합니다.(study hard)
   ▶

3. 우리는 일하지 않습니다.(work)
   ▶

4. 그녀는 변하지 않습니다.(change)
   ▶

5. 당신은 나를 사랑합니까?(love me)
   ▶

6. 그녀는 청소합니까?(clean)
   ▶

7. 당신은 씻지 않습니까?(wash)
   ▶

8. 그들은 말하지 않습니까?(talk)
   ▶

Answers 1. I love you. 2. She studies hard. 3. We do not work. 4. She does not change. 5. Do you love me? 6. Does she clean? 7. Do you not wash? 8. Do they not talk?

13 일반동사 과거형 긍정문

~했었습니다

I like ice cream.
아이 라익 아이스 크림

나는 아이스크림을 좋아합니다.

I liked ice cream.
아이 라익트 아이스 크림

나는 아이스크림을 좋아했습니다.

과거형은 동사의 기본형을 과거형으로 바꾸어 주기만 하면 됩니다. 규칙적으로 변화하는 동사들은 동사의 기본형에 **−d(ed)**만 붙이면 되지만, **불규칙으로 변화하는 동사**들은 별도로 암기해야 합니다. 과거형은 3인칭 단수에서 −s(es)가 오지 않습니다.

1 **I needed his car.**
아이 니디드 히즈 카ㄹ

나는 그의 차가 필요했습니다.

2 **He opened the door.**
히 오픈드 더 도어ㄹ

그는 문을 열었습니다.

3 **She played golf.**
쉬 플레이드 골프

그녀는 골프를 쳤습니다.

4 **We had a computer.**
위 해드 어 컴퓨터ㄹ

우리는 컴퓨터를 갖고 있었습니다.

5 **They lived in Seoul.**
데이 리브드 인 서울

그들은 서울에 살았습니다.

14 일반동사 과거형 부정문

~하지 않았습니다

I do not like ice cream.
아이 두 낫 라잌 아이스 크림

나는 아이스크림을 좋아하지 않습니다.

I did not like ice cream.
아이 디드 낫 라잌 아이스 크림

나는 아이스크림을 좋아하지 않았습니다.

 일반동사 과거형을 부정문으로 만들 때는 일반동사 **현재형** 앞에 **did not**을 붙이면 됩니다. 즉, **do**의 과거형이 **did**이므로 **did**가 되며 뒤의 일반동사는 변하지 않습니다. 또한 과거형은 **3인칭 단수**에서도 마찬가지로 **did not**을 써주면 되고, 회화에서는 줄여서 **didn't**라고 합니다.

---

1 I did not need his car.
아이 디드 낫 니드 히즈 카ㄹ

나는 그의 차가 필요하지 않았습니다.

---

2 He did not open the door.
히 디드 낫 오픈 더 도어ㄹ

그는 문을 열지 않았습니다.

---

3 She did not play golf.
쉬 디드 낫 플레이 골프

그녀는 골프를 하지 않았습니다.

---

4 We did not have a computer.
위 디드 낫 해브 어 컴퓨터ㄹ

우리는 컴퓨터를 갖고 있지 않았습니다.

---

5 They did not live in Seoul.
데이 디드 낫 리브 인 서울

그들은 서울에 살지 않았습니다.

15 일반동사 과거형 긍정의문문

~하였습니까?

Do you like ice cream?
두 유 라잌 아이스 크림

당신은 아이스크림을 좋아합니까?

Did you like ice cream?
디드 유 라잌 아이스 크림

당신은 아이스크림을 좋아했습니까?

과거형 문장을 의문문으로 만드는 건 문장의 맨 앞에 **Did**를 써주면 됩니다. 일반동사의 의문문은 **be동사**와 다르게 의문문이나 부정문을 만들 때 조동사 **do, does**를 필요로 합니다. 과거형이기 때문에 **Did**가 나온 것입니다.

1 **Did** you need his car?
디드 유 니드 히즈 카ㄹ

당신은 그의 차가 필요했습니까?

2 **Did** he open the door?
디드 히 오픈 더 도어ㄹ

그는 문을 열었습니까?

3 **Did** she play golf?
디드 쉬 플레이 골프

그녀는 골프를 했습니까?

4 **Did** you have a computer?
디드 유 해브 어 컴퓨터ㄹ

당신들은 컴퓨터를 갖고 있었습니까?

5 **Did** they live in Seoul?
디드 데이 리브 인 서울

그들은 서울에 살았습니까?

16 일반동사 과거형 부정의문문

~하지 않았습니까?

Do you not like ice cream?
두 유 낫 라잌 아이스 크림

당신은 아이스크림을 좋아하지 않습니까?

Did you not like ice cream?
디드 유 낫 라잌 아이스 크림

당신은 아이스크림을 좋아하지 않았습니까?

과거형의 부정문은 부정문을 만든 상태에서 **did**만 앞으로 보내주면 됩니다. 실제 회화에서는 축약형인 **Didn't**로 주로 사용합니다. 이처럼 회화체(구어체)는 되도록 줄여서 말하는 특성이 있습니다.

1. **Did you not need his car?**
디드 유 낫 니드 히즈 카ㄹ

당신은 그의 차가 필요하지 않았습니까?

2. **Did he not open the door?**
디드 히 낫 오픈 더 도어ㄹ

그는 문을 열지 않았습니까?

3. **Did she not play golf?**
디드 쉬 낫 플레이 골프

그녀는 골프를 하지 않았습니까?

4. **Did you not have a computer?**
디드 유 낫 해브 어 컴퓨터ㄹ

당신들은 컴퓨터를 갖고 있지 않았습니까?

5. **Did they not live in Seoul?**
디드 데이 낫 리브 인 서울

그들은 서울에 살지 않았습니까?

문장 만들기 Check it out!

✏️ 괄호 속의 단어를 사용하여 문장을 만들어보세요.

1. 나는 당신을 사랑했습니다. (love me)

2. 그녀는 열심히 공부했습니다. (study hard)

3. 우리는 일하지 않았습니다. (work)

4. 그녀는 변하지 않았습니다. (change)

5. 당신은 나를 사랑했습니까? (love me)

6. 그녀는 청소했습니까? (clean)

7. 당신은 씻지 않았습니까? (wash)

8. 그들은 말하지 않았습니까? (talk)

Answers 1. I loved you. 2. She studied hard. 3. We did not work. 4. She did not change. 5. Did you love me? 6. Did she clean? 7. Did you not wash? 8. Did they not talk?

기초 영문법 따라잡기③ 진행형

1 진행형이 뭐야?

진행형은 어느 시점에서 어느 동작이 계속 진행 중인 것을 말합니다. 예를 들어 엄마가 '너 뭐하니?'라고 물으면 '나 공부 중이야.' 이렇게 대답할 때 쓸 수 있는 문장이 진행형입니다. 진행형은 다음의 세 가지로 나눌 수 있습니다.

현재 진행형	과거 진행형	미래 진행형
~하고 있다	~하고 있었다	~하고 있을 것이다

2 현재진행형

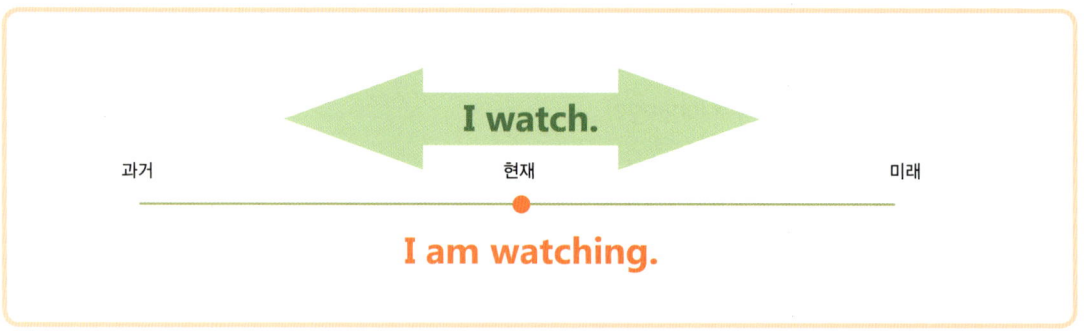

I watch TV. 나는 TV를 봐. → 항상, 늘, 보통
I'm watching TV. 나 지금 TV 보고 있어. → 지금

동사의 현재형 watch는 과거에 그랬고 미래까지 그렇게 할 거라고 예상되는 지금의 일을 말하고, 현재 진행형은 딱 '지금' 말하는 순간만을 의미합니다. '지금 TV 보고 있어'라는 현재 진행되고 있는 행동에 초점을 맞춘 표현입니다.

3 과거진행형

과거 진행형은 과거의 어느 시점부터 과거 어느 시점까지 일정한 기간 동안 계속되는 동작을 말합니다.

I was watching TV when you called me. 네가 나에게 전화했을 때 TV 보고 있었어.

4 미래진행형

미래 어느 때에 진행 중인 동작을 나타낼 때는 미래 진행형도 쓸 수 있습니다. 주어 다음에 미래를 나타내는 will을 써 주면됩니다.

I will be watching TV then. 그때 TV를 보고 있을 거야.

5 진행형으로 사용할 수 없는 동사

진행형으로 쓸 수 있는 동사는 행위를 나타내는 동사들이고, love, like, mean, need, own, remember, seem, want, understand 등과 같이 상태를 나타내는 동사는 진행형으로 나타낼 수 없습니다.

I like Susan. → I am liking Susan.(x)
수잔을 좋아하는 걸 지금 순간 진행 하는 중?

She understands it. → She is understanding it. (x)
그녀는 골몰히 앉아서 이해하도록 노력만하고 있는 상황?

6 진행형 ing를 만드는 법

주어 + be동사 + 일반동사 -ing

① 진행형 동사형은 기본적으로 동사에 ing를 붙이지만, 동시의 원형이 -e로 끝나는 동사는 e를 떼어내고 ing를 붙입니다.

make - making   take - taking   have - having

② -ie로 끝나는 동사는 -ie를 y로 바꾸고 ing를 붙여줍니다.

die - dying   tie - tying   lie - lying

③ 짧게 발음하는 모음과 자음으로 끝나는 단어들은 마지막 자음을 한 번 더 쓰고 ing를 붙여줍니다.

sit - sitting   put - putting   stop - stopping

④ 2음절(읽었을 때 두 마디 이상 소리나는 단어) 이상의 단어들에서 강세(힘주어 말하는 부분)가 마지막 음절에 온다면 마지막 자음을 한 번 더 쓰고 ing를 붙여줍니다.

begin - beginning   forget - forgetting   permit - permitting

17 현재진행형 긍정문

~하고 있습니다

I am working.
아이 엠 워ㄹ킹

나는 일하고 있습니다.

She is watching the TV.
쉬 이즈 워칭 더 티비

그녀는 TV를 보고 있습니다.

 현재진행형은 주어에 맞는 **be동사**를 넣어주고 그 다음에 일반동사에 진행형을 만드는 **ing**를 붙여주면 됩니다. 우리말의 '**~하고 있습니다(~하고 있는 중입니다)**' 의 뜻으로 **현재의 진행되고 있는 행동**에 초점을 맞춘 표현입니다.

1 **I am studying English.**
아이 엠 스터딩 잉글리쉬

나는 영어를 공부하고 있습니다.

2 **She is playing golf.**
쉬 이즈 플레잉 골프

그녀는 골프를 하고 있습니다.

3 **He is opening the door.**
히 이즈 오프닝 더 도어ㄹ

그는 문을 열고 있습니다.

4 **We are helping you.**
위 알 핼핑 유

우리는 당신들을 돕고 있습니다.

5 **They are coming here.**
데이 알 커밍 히어ㄹ

그들은 여기에 오고 있습니다.

18 현재진행형 부정문

~하고 있지 않습니다

I am not working.
아이 엠 낫 워ㄹ킹

나는 일하고 있지 않습니다.

She is not watching the TV.
쉬 이즈 낫 워칭 더 티비

그녀는 TV를 보고 있지 않습니다.

 진행형의 부정문은 be동사가 들어가는 문장입니다. 그렇기 때문에 be동사의 바로 뒤에 not을 붙이면 부정문으로 바꿀 수 있습니다. 우리말의 '~하고 있지 않습니다'의 뜻으로 현재 진행되고 있지 않음을 나타내는 표현입니다.
축약형은 aren't / isn't 입니다.

1　**I am not studying English.**
　아이 엠 낫 스터딩 잉글리쉬

나는 영어를 공부하고 있지 않습니다.

2　**She is not playing golf.**
　쉬 이즈 낫 플레잉 골프

그녀는 골프를 하고 있지 않습니다.

3　**He is not opening the door.**
　히 이즈 낫 오프닝 더 도어ㄹ

그는 문을 열고 있지 않습니다.

4　**We are not helping you.**
　위 알 낫 핼핑 유

우리는 당신들을 돕고 있지 않습니다.

5　**They are not coming here.**
　데이 알 낫 커밍 히어ㄹ

그들은 여기에 오고 있지 않습니다.

19 현재진행형 긍정의문문

~하고 있습니까?

Are you work**ing**?
알 유 워r킹

당신은 일하고 있습니까?

Is she watch**ing** the TV?
이즈 쉬 워칭 더 티비

그녀는 TV를 보고 있습니까?

 현재진행형의 의문문(~하고 있습니까?)은 **be동사**가 들어가는 문장이기 때문에 간단히 **be동사**가 주어의 인칭에 따라 문장의 맨 **앞**으로 나와 주기만 하면 됩니다.

1 **Are** you study**ing** English?
알 유 스터딩 잉글리쉬

당신은 영어를 공부하고 있습니까?

2 **Is** she play**ing** golf?
이즈 쉬 플레잉 골프

그녀는 골프를 하고 있습니까?

3 **Is** he open**ing** the door?
이즈 히 오프닝 더 도어r

그는 문을 열고 있습니까?

4 **Are** you hav**ing** lunch?
알 유 해빙 런취

당신들은 점심을 먹고 있습니까?

5 **Are** they com**ing** here?
알 데이 커밍 히어r

그들은 여기에 오고 있습니까?

20 현재진행형 부정의문문

~하고 있지 않습니까?

Are you not working?
알 유 낫 워ㄹ킹

당신은 일하고 있지 않습니까?

Is she not watching the TV?
이즈 쉬 낫 워칭 더 티비

그녀는 TV를 보고 있지 않습니까?

 현재진행형의 부정의문문(~하고 있지 않습니까?)도 마찬가지로 be동사가 들어간 문장은 be동사가 맨 앞으로 가는 것에는 변함이 없습니다. 회화체에서는 주로 축약형이 많이 쓰이므로 잘 익혀두어야 합니다. 축약형은 **Aren't / Isn't** 입니다.

1. **Are you not studying English?**
   알 유 낫 스터딩 잉글리쉬

   당신은 영어를 공부하고 있지 않습니까?

2. **Is she not playing golf?**
   이즈 쉬 낫 플레잉 골프

   그녀는 골프를 하고 있지 않습니까?

3. **Is he not opening the door?**
   이즈 히 낫 오프닝 더 도어ㄹ

   그는 문을 열고 있지 않습니까?

4. **Are you not having lunch?**
   알 유 낫 해빙 런취

   당신들은 점심을 먹고 있지 않습니까?

5. **Are they not coming here?**
   알 데이 낫 커밍 히어ㄹ

   그들은 여기에 오고 있지 않습니까?

문장 만들기 Check it out!

✏️ 괄호 속의 단어를 사용하여 문장을 만들어보세요.

1. 나는 숙제를 하고 있습니다.(do my homework)

2. 그녀는 열심히 공부하고 있습니다.(study hard)

3. 우리는 일하고 있지 않습니다.(work)

4. 그녀는 바뀌지 않고 있습니다.(change)

5. 비가 오고 있습니까?(rain)

6. 그녀는 청소하고 있습니까?(clean)

7. 당신은 씻지 않고 있습니까?(wash)

8. 그들은 말하고 있지 않습니까?(talk)

Answers 1. I am doing my homework. 2. She is studying hard. 3. We are not working. 4. She is not changing. 5. Is it raining? 6. Is she cleaning? 7. Are you not washing? 8. Are they not talking?

21 과거진행형 긍정문

~하고 있었습니다

She is watching the TV.
쉬 이즈 워칭 더 티비

그녀는 TV를 보고 있습니다.

She was watching the TV.
쉬 워즈 워칭 더 티비

그녀는 TV를 보고 있었습니다.

과거진행형(~하고 있었습니다)은 진행형의 뼈대가 되는 'be동사+동사 ing'에서 be동사 부분을 과거형으로 바꾸어주면 됩니다. 당연히 be동사는 인칭에 맞게 **was**나 **were**를 사용해야 합니다.

1 **I was studying English.**
아이 워즈 스터딩 잉글리쉬

나는 영어를 공부하고 있었습니다.

2 **She was playing golf.**
쉬 워즈 플레잉 골프

그녀는 골프를 하고 있었습니다.

3 **He was opening the door.**
히 워즈 오프닝 더 도어ㄹ

그는 문을 열고 있었습니다.

4 **We were helping you.**
위 워ㄹ 핼핑 유

우리는 당신들을 돕고 있었습니다.

5 **They were coming here.**
데이 워ㄹ 커밍 히어ㄹ

그들은 여기에 오고 있었습니다.

22 과거진행형 부정문

~하고 있지 않았습니다

She was watching the TV.
쉬 워즈 워칭 더 티비

그녀는 TV를 보고 있었습니다.

She was not watching the TV.
쉬 워즈 낫 워칭 더 티비

그녀는 TV를 보고 있지 않았습니다.

과거진행형 부정문(~하고 있지 않았습니다)은 역시 be동사가 들어간 문장입니다. 그렇기 때문에 be동사의 과거형(was, were) 뒤에 부정의 뜻을 나타내는 not을 넣어주기만 하면 됩니다.
축약형은 wasn't / weren't 입니다.

1 **I was not studying English.**
아이 워즈 낫 스터딩 잉글리쉬

나는 영어를 공부하고 있지 않았습니다.

2 **She was not playing golf.**
쉬 워즈 낫 플레잉 골프

그녀는 골프를 하고 있지 않았습니다.

3 **He was not opening the door.**
히 워즈 낫 오프닝 더 도어

그는 문을 열고 있지 않았습니다.

4 **We were not helping you.**
위 워ㄹ 낫 핼핑 유

우리는 당신들을 돕고 있지 않았습니다.

5 **They were not coming here.**
데이 워ㄹ 낫 커밍 히어ㄹ

그들은 여기에 오고 있지 않았습니다.

23 과거진행형 긍정의문문

~하고 있었습니까?

She was watching the TV.
쉬 워즈 워칭 더 티비

그녀는 TV를 보고 있었습니다.

Was she watching the TV?
워즈 쉬 워칭 더 티비

그녀는 TV를 보고 있었습니까?

과거진행형의 의문문(~하고 있었습니까?)도 마찬가지로 **be동사**가 들어간 문장이므로 **인칭**에 따라 **be동사**의 과거형인 **was**나 **were**를 맨 앞으로 꺼내주면 간단하게 의문문으로 만들 수 있습니다.

1. **Were you studying English?**
   워ㄹ 유 스터딩 잉글리쉬

   당신은 영어를 공부하고 있었습니까?

2. **Was she playing golf?**
   워즈 쉬 플레잉 골프

   그녀는 골프를 하고 있었습니까?

3. **Was he opening the door?**
   워즈 히 오프닝 더 도어

   그는 문을 열고 있었습니까?

4. **Were you having lunch?**
   워ㄹ 유 해빙 런취

   당신들은 점심을 먹고 있었습니까?

5. **Were they coming here?**
   워ㄹ 데이 커밍 히어ㄹ

   그들은 여기에 오고 있었습니까?

24 과거진행형 부정의문문

~하고 있지 않았습니까?

She was not watching the TV.
쉬 워즈 낫 워칭 더 티비

그녀는 TV를 보고 있지 않았습니다.

Was she not watching the TV?
워즈 쉬 낫 워칭 더 티비

그녀는 TV를 보고 있지 않았습니까?

 부정의문문도 긍정의문문과 같습니다. **be동사**가 들어간 의문문이기에 **be동사**가 맨 앞으로 나와 주기만 하면 됩니다. 대신 **not**은 **be동사**의 뒷자리에 있거나 **be동사**와 함께 축약되어서 앞으로 나갈 수 있습니다. 축약형은 **Wasn't / Weren't** 입니다.

1 **Were you not studying English?**
워 르 유 낫 스터딩 잉글리쉬

당신은 영어를 공부하고 있지 않았습니까?

2 **Was she not playing golf?**
워즈 쉬 낫 플레잉 골프

그녀는 골프를 하고 있지 않았습니까?

3 **Was he not opening the door?**
워즈 히 낫 오프닝 더 도어

그는 문을 열고 있지 않았습니까?

4 **Were you not having lunch?**
워 르 유 낫 해빙 런취

당신들은 점심을 먹고 있지 않았습니까?

5 **Were they not coming here?**
워 르 데이 낫 커밍 히어르

그들은 여기에 오고 있지 않았습니까?

문장 만들기 Check it out!

✏️ 괄호 속의 단어를 사용하여 문장을 만들어보세요.

1. 나는 숙제를 하고 있었습니다.(do my homework)
   ▶

2. 그녀는 열심히 공부하고 있었습니다.(study hard)
   ▶

3. 우리는 일하고 있지 않았습니다.(work)
   ▶

4. 그녀는 변하고 있지 않았습니다.(change)
   ▶

5. 비가 오고 있었습니까?(rain)
   ▶

6. 그녀는 청소하고 있었습니까?(clean)
   ▶

7. 당신은 씻고 있지 않았습니까?(wash)
   ▶

8. 그들은 말하고 있지 않았습니까?(talk)
   ▶

Answers 1. I was doing my homework. 2. She was studying hard. 3. We was not working. 4. She was not changing. 5. Was it raining? 6. Was she cleaning? 7. Were you not washing? 8. Were they not talking?

기초 영문법 따라잡기 ④ 의문사

1 의문사가 뭐야?

의문사는 누가, 언제, 어디서, 무엇을, 어떻게, 왜?를 묻고 싶을 때 사용하는 말입니다.
의문사의 종류에는 다음 7가지가 있습니다.

Who [huː]	누가	너는 누구니? Who are you?
When [hwen]	언제(날짜, 시간)	너 생일은 언제야? When is your birthday.
Where [hweəːr]	어디에서, 어디(장소)	너는 어디에 사니? Where do you live?
What [hwɑt]	무엇, 뭐	이건 뭐니? What is it?
Which [hwitʃ]	어느 것	어느 영화를 좋아하니? Which movie do you like?
Why [hwai]	왜(이유)	너는 왜 영어 공부를 하니? Why do you study English?
How [hau]	어떻게, 얼마나	어떻게 지내니? How are you?

의문사로 시작하는 의문문은 Yes나 No로 답하지 않고 궁금한 것에 답만 해주면 됩니다.

2 의문사를 이용한 의문문 만들기

영어에서 의문사는 모든 의문문의 맨 앞에 오게 됩니다. 왜냐하면 한 번에 그 말이 물어보는 말이라는 것을 알게 하기 위해서입니다. 가령 예를 들면. You know who? (원래는 Who do you know?)라고 한다면 끝에 나오는 말까지 모두 듣고서야 물어보는 말인 줄 알게 되는 겁니다. 그렇기 때문에 영어에선(국어도 그렇지만) 의문사가 문장의 맨 앞으로 오게 되는 겁니다.

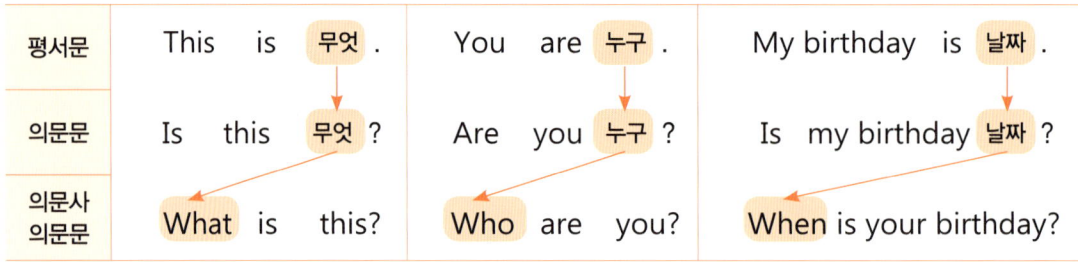

be 동사가 쓰인 경우에는 의문사 뒤에 주어와 동사 자리만 바꾸어 써주면 됩니다.

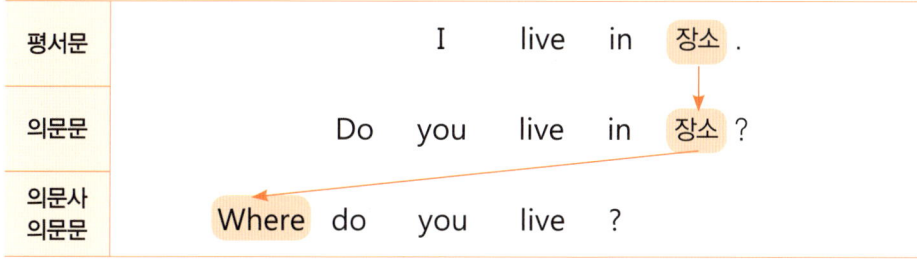

일반동사가 쓰인 경우 do를 써주고 동사는 그대로 바뀌지 않습니다. 인칭과 시제에 따라 do / does / did 를 다르게 씁니다.

의문사로 시작하는 의문문은 평서문을 일단 의문문으로 바꾼 형태에서 다시 문장 앞에 의문사를 붙여주는 형식으로 만들면 됩니다.

3 Who is he?와 What is he?의 차이

Who is he?, Who is she?와 같이 Who is ~?로 묻게 되면 의문사 who는 '사람의 이름'과 '나와의 관계'를 물어 볼 때 쓰는 의문사입니다. Who is he?라고 물으면 다음과 같이 두 가지로 대답할 수 있습니다.

    Who is he? 그는 누구입니까?
    - He's Bill Gates. 그는 빌게이츠입니다.
    - He's my brother. 그는 나의 형제입니다.

What is he?, What is she? 와 같이 묻게 되면 그 사람의 직업을 묻는 표현이 됩니다.

    What is he? 그는 어떤 사람입니까?
    - He's a teacher. 그는 선생님입니다.

25 의문사+be동사 현재형 긍정의문문

(언제) ~합니까?

Are you free?
알 유 프리
당신은 바쁩니까?

When are you free?
웬 알 유 프리
당신은 언제 한가합니까?

be동사의 의문문은 앞서 배운 것처럼 be동사와 주어와의 자리를 바꾸어 주면 됩니다. 의문사(**When** 언제 / **Which** 어느 것 / **Who** 누구 / **How** 어떻게 / **Why** 왜 / **Where** 어디 / **what** 무엇)는 당연히 문장의 맨 앞으로 옵니다.

1 **Which one is new?**
위치 원 이즈 뉴-
어느 것이 새것입니까?

2 **Who is sick now?**
후 이즈 씩 나우
누가 지금 아픕니까?

3 **How are you?**
하우 알 유
당신은 어떻습니까?(안녕하십니까?)

4 **Why is she at home?**
와이 이즈 쉬 앳 홈
왜 그녀는 지금 집에 있습니까?

5 **Where are they now?**
웨어ㄹ 알 데이 나우
그들은 지금 어디에 있습니까?

190

26 의문사+be동사 현재형 부정의문문

(왜) ~하지 않습니까?

Isn't she happy?
이즌ㅌ 쉬 해피

그녀는 행복하지 않습니까?

Why isn't she happy?
와이 이즌ㅌ 쉬 해피

왜 그녀는 행복하지 않습니까?

부정의문문도 be동사의 부정의문문으로 바꾸는 것과 마찬가지로 be동사가 주어와 위치가 바뀌고 의문사가 맨 앞에 나옵니다.

---

1 **When aren't you busy?**
웬 안ㅌ 유 비지

당신은 언제 바쁘지 않습니까?

2 **Who isn't busy?**
후 이즌ㅌ 비지

누가 바쁘지 않습니까?

3 **Which isn't good?**
위치 이즌ㅌ 굿

어느 것이 좋지 않습니까?

4 **What isn't wrong answer?**
윗 이즌ㅌ 렁 앤써ㄹ

무엇이 틀린 답이 아닙니까?

5 **Why aren't they there?**
와이 안ㅌ 데이 데어ㄹ

왜 그들은 거기에 없습니까?

27 의문사+일반동사 현재형 긍정의문문

(왜) ~합니까?

Does she work hard?
더즈 쉬 워ㄹ크 하ㄹ드

그녀는 열심히 일합니까?

Why does she work hard?
와이 더즈 쉬 워ㄹ크 하ㄹ드

왜 그녀는 열심히 일을 합니까?

 일반동사의 의문문을 만들 듯이 문장의 맨 앞에 **Do/Does**를 사용해서 의문문을 만든 다음 의문사를 문장 맨 앞에 놓으면 됩니다.

1 **What do you like?**
윗 두 유 라잌

당신은 무엇을 좋아합니까?

2 **Where does Tom study?**
웨어ㄹ 더즈 탐 스터디

탐은 어디서 공부를 합니까?

3 **When do we have dinner?**
웬 두 위 해브 디너ㄹ

우리는 언제 점심을 먹습니까?

4 **What is wrong?**
윗 이즈 렁

무엇이 잘못되었습니까?

5 **How do you make it?**
하우 두 유 메이크 잇

어떻게 그것을 만듭니까?

28 의문사+일반동사 현재형 부정의문문

(왜) ~하지 않습니까?

She doesn't work hard.
쉬 더즌트 워ㄹ크 하ㄹ드

그녀는 열심히 일하지 않습니다.

Why doesn't she work hard?
와이 더즌트 쉬 워ㄹ크 하ㄹ드

왜 그녀는 열심히 일하지 않습니까?

 의문사가 들어간 일반동사 의문문을 부정문으로 바꾸는 것입니다. 일반동사는 부정문으로 만들기 위해선 **doesn't, don't**가 필요로 합니다.

1 **What don't you like?**
왓 돈트 유 라잌

당신은 무엇을 좋아하지 않습니까?

2 **Why doesn't Tom study hard?**
와이 더즌트 탐 스터디 하ㄹ드

탐은 왜 공부를 열심히 하지 않습니까?

3 **Which car doesn't move?**
위치 카ㄹ 더즌트 무브

어떤 차가 움직이지 않습니까?

4 **How don't you know the fact?**
하우 돈트 유 노우 더 팩트

어떻게 당신은 그 사실을 모릅니까?

5 **Why don't you go home?**
와이 돈트 유 고 홈

당신은 왜 집에 가지 않습니까?

문장 만들기 Check it out!

✏️ **괄호 속의 단어를 사용하여 문장을 만들어보세요.**

1. 나는 왜(Why) 틀립니까?(wrong)

2. 그녀는 어디에서(Where) 왔습니까?(from)

3. 그는 어떻게(How) 거기에(there) 있습니까?

4. 우리는 왜(Why) 걱정합니까?(worried)

5. 당신은 언제(When) 바쁘지 않습니까(busy)?

6. 그녀는 어떻게(How) 피곤하지 않습니까(tired)?

7. 무엇이(What) 옳지 않습니까(right)?

8. 어느 것이(Which) 좋지 않습니까(good)?

Answers 1. Why am I wrong? 2. Where is she from? 3. How is he there? 4. Why are we worried? 5. When aren't you busy? 6. How isn't she tired? 7. What isn't right? 8. Which isn't good?

29 의문사+현재진행형 긍정의문문

(왜) ~하고 있습니까?

Is she working hard?
이즈 쉬 워ㄹ킹 하ㄹ드

그녀는 열심히 일하고 있습니까?

Why is she working hard?
와이 이즈 쉬 워ㄹ킹 하ㄹ드

그녀는 왜 열심히 일하고 있습니까?

 진행형은 사실보다 **행동**에 관점을 둔 문장입니다. 만드는 공식은 '**be동사**+**일반동사 ing**'이므로 **be동사**의 의문문과 그 구조가 같습니다. 즉, **be동사**와 주어와의 자리를 바꾸어 주면 됩니다.

1. **Who is working now?**
   후 이즈 워ㄹ킹 나우

   누가 지금 일하고 있습니까?

2. **Where is Tom studying?**
   웨어ㄹ 이즈 탐 스터딩

   탐은 어디서 공부를 하고 있습니까?

3. **Who are you looking for?**
   후아 알 유 룩킹 풔

   당신은 누구를 찾고 있습니까?

4. **Who is calling Sarah?**
   후 이즈 콜링 사라

   누가 사라에게 전화를 걸고 있습니까?

5. **Who is making it?**
   후 이즈 메이킹 잇

   누가 그것을 만들고 있습니까?

30 의문사+현재진행형 부정의문문

(왜) ~하고 있지 않습니까?

She isn't working hard.
쉬 이즌ㅌ 워ㄹ킹 하ㄹ드

그녀는 열심히 일하지 않고 있습니다.

Why isn't she working hard?
와이 이즌ㅌ 쉬 워ㄹ킹 하ㄹ드

왜 그녀는 열심히 일하지 않고 있습니까?

 진행형의 부정의문문은 **be**동사에 **not**을 붙여 주면 됩니다. 인칭에 따라서 **isn't**나 **aren't**로 바꾸면 됩니다. 단, **am not**은 축약형이 없으므로 그대로 사용하면 됩니다.

1 **Why isn't she taking a photo?**
와이 이즌ㅌ 쉬 테이킹 어 포토

그녀는 왜 사진을 찍고 있지 않습니까?

2 **Why isn't Tom studying hard?**
와이 이즌ㅌ 탐 스터딩 하ㄹ드

탐은 왜 공부를 열심히 하고 있지 않습니까?

3 **What isn't she drinking?**
웟 이즌ㅌ 쉬 드링킹

그녀는 무엇을 마시고 있지 않습니까?

4 **Who isn't looking here?**
후 이즌ㅌ 룩킹 히어ㄹ

누가 여기를 보고 있지 않습니까?

5 **Which isn't moving?**
위치 이즌ㅌ 무빙

어느 것이 움직이고 있지 않습니까?

31 의문사+과거진행형 긍정의문문

(왜) ~하고 있었습니까?

Was she working hard?
워즈 쉬 워ㄹ킹 하ㄹ드
그녀는 열심히 일하고 있었습니까?

Why was she working hard?
와이 워즈 쉬 워ㄹ킹 하ㄹ드
그녀는 왜 열심히 일하고 있었습니까?

 과거진행형은 be동사를 인칭에 따라서 was나 were로 바꾸어 주면 됩니다. 과거에 하고 있던 행동을 좀 더 구체적으로 나타내는 표현입니다.

1. **Why were you doing it?**
와이 워ㄹ 유 두잉 잇
당신은 왜 그것을 하고 있었습니까?

2. **Where was Tom studying?**
웨어ㄹ 워즈 탐 스터딩
탐은 어디서 공부를 하고 있었습니까?

3. **Who were you looking for?**
후 워ㄹ 유 룩킹 풔
당신은 누구를 찾고 있었습니까?

4. **Who was calling Sarah?**
후 워즈 콜링 사라
누가 사라에게 전화를 걸고 있었습니까?

5. **Who was making it?**
후 워즈 메이킹 잇
누가 그것을 만들고 있었습니까?

32 의문사+과거진행형 부정의문문

(왜) ~하고 있지 않았습니까?

She wasn't working hard.
쉬 워즌ㅌ 워ㄹ킹 하ㄹ드

그녀는 열심히 일하지 않고 있었습니다.

Why wasn't she working hard?
와이 워즌ㅌ 쉬 워ㄹ킹 하ㄹ드

왜 그녀는 열심히 일하지 있지 않았습니까?

 과거진행형을 부정문으로 만드는 건 be동사 was/were에 not을 붙여주기만 하면 됩니다. 의문문이니 주어와 wasn't/weren't의 위치를 바꾸어주면 됩니다.

1 **Why weren't you doing it?**
와이 원ㅌ 유 두잉 잇

당신은 왜 그것을 하고 있지 않았습니까?

2 **Why wasn't Tom studying hard?**
와이 워즌ㅌ 탐 스터딩 하ㄹ드

탐은 왜 공부를 열심히 하고 있지 않았습니까?

3 **Why wasn't she drinking?**
와이 워즌ㅌ 쉬 드링킹

그녀는 왜 마시고 있지 않았습니까?

4 **Who wasn't looking here?**
후 워즌ㅌ 룩킹 히어ㄹ

누가 여기를 보고 있지 않았습니까?

5 **Which wasn't moving?**
위치 워즌ㅌ 무빙

어느 것이 움직이고 있지 않았습니까?

문장 만들기 Check it out!

✏️ **괄호 속의 단어를 사용하여 문장을 만들어보세요.**

1. 당신은 왜(Why) 그것을 하고 있습니까(do it)?

2. 그녀는 무엇을(What) 마시고 있습니까(drink)?

3. 그는 왜(Why) 공부하고 있지 않습니까(study)?

4. 우리는 왜(Why) 일하고 있지 않습니까(work)?

5. 왜(Why) 당신은 짐을 싸고(pack) 있었습니까?

6. 왜(Why) 그녀는 사진을 찍고(take a photo) 있었습니까?

7. 누가(Who) 여기를 보고 있지 않았습니까(look here)?

8. 나는 무엇을(What) 먹고 있지 않았습니까(eat)?

Answers 1. Why are you doing it? 2. What is she drinking? 3. Why isn't he studying? 4. Why aren't we working?
5. Why were you packing? 6. Why was she taking a photo? 7. Who wasn't looking here?
8. What wasn't I eating?

33 시간과 날씨를 말할 때

시간, 날씨는 ~입니다

It is three o'clock.
잇 이즈 쓰리 어클락

3시입니다.

It is cold.
잇 이즈 콜드

춥습니다.

'지금 몇 시입니까?' 라고 시간을 물을 때는 **What time is it**?라고 하며, 대답할 때는 '**It is**+시간' 으로 말하면 됩니다. 또한 '**날씨가 ~합니다**' 라고 말하고 싶을 때도 '**It is**+날씨 상태' 로 표현합니다. 여기서 **It** 은 아무런 뜻이 없는 단어로 시간이나 날씨를 말할 때는 반드시 써야 합니다. 회화에서는 **It is**는 **It's**로 축약해서 씁니다.

1 **It is ten o'clock.**
잇 이즈 텐 어클락

10시입니다.

2 **It is ten forty.**
잇 이즈 텐 풔르티

10시 40분입니다.

3 **It is half past ten.**
잇 이즈 하프 패스트 텐

10시 30분입니다.

4 **It is raining.**
잇 이즈 레이닝

비가 옵니다.

5 **It is hot.**
잇 이즈 핫

덥습니다.

34 권유를 나타낼 때

우리 ~합시다

Let's watch TV.
렛츠 워치 티비

TV를 봅시다.

Let's have lunch.
렛츠 해브 런취

점심을 먹읍시다.

'우리 ~합시다(하자)'라고 다른 사람에게 무언가를 함께 하자고 말하고 싶을 때는 **Let's** ~라고 하면 됩니다. **Let's**는 **Let us**의 축약형으로 함께 뭔가를 하자고 권유할 때 쓰이는 말입니다.

1 **Let's go to the school.**
렛츠 고 투 더 스쿨

학교에 가자.

2 **Let's go to the park.**
렛츠 고 투 더 파르크

공원에 갑시다.

3 **Let's have dinner.**
렛츠 해브 디너ㄹ

저녁 먹자.

4 **Let's study English.**
렛츠 스터디 잉글리쉬

영어 공부를 합시다.

5 **Let's go home.**
렛츠 고 홈

집에 가자.

201

35 명령과 금지를 나타낼 때

~해, ~하지 마

Help me.
핼프 미
도와줘.

Don't worry.
돈트 워리
걱정하지 마.

'~해/~해 주세요'라고 말하고 싶을 때는 '**명령문**'을 쓰면 됩니다. 보통 문장은 '주어+동사~'로 되어 있지만, 명령문은 **문장 맨 앞에 동사**가 나옵니다. 반대로 '~하지 마/~하지 말아 주세요'라고 금지를 말하고 싶을 때는 명령문 앞에 **Don't**를 넣어주면 됩니다. **Don't**는 **Do not**의 축약형입니다.

1. **Clean your room.** — 방을 청소해.
   클린 유어 룸

2. **Stand up.** — 일어서.
   스탠드 업

3. **Sit down.** — 앉아.
   씻 다운

4. **Don't touch it.** — 그것 만지지 마.
   돈트 터취 잇

5. **Don't cry.** — 울지 마.
   돈트 크라이

문장 만들기 Check it out!

✏️ 괄호 속의 단어를 사용하여 문장을 만들어보세요.

1. 오전 10시 30분입니다.(a.m.)

2. 오후 10시 20분입니다.(p.m.)

3. 따뜻합니다.(warm)

4. 구름이 꼈습니다.(cloudy)

5. 잠자러 갑시다.(go to bed)

6. 쉬자.(take a break)

7. 책을 펴세요.(open)

8. TV를 보지 마.(watch)

Answers 1. It is ten thirty a.m. 2. It is ten twenty p.m. 3. It is warm. 4. It is cloudy. 5. Let's go to bed. 6. Let's take a break. 7. Open your book. 8. Don't watch TV.

be동사 am, are, is의 사용법

○ **주어가 단수(한 사람/하나)일 때**

나	I	am	happy.	나는 행복하다.
당신	You	are	tall.	너는 키가 크다.
나·당신 이외의 사람과 물건	He	is	busy.	그는 바쁘다.
	She		pretty.	그녀는 귀엽다.
	It		a desk.	그것은 책상이다.
	Tom		a singer.	톰은 가수이다.
	Mary		a teacher.	메리는 선생이다.
	My father		a doctor.	나의 아버지는 의사이다.
	This		my bag.	이것은 내 가방이다.
	Our dog		white.	우리 개는 하얗다.
	Your house		big.	당신의 집은 크다.

○ **주어가 복수(두 사람/두 개 이상)일 때**

우리들	We	are	happy.	우리는 행복하다.
당신들	You		tall.	당신들은 키가 크다.
나·당신 이외의 사람들과 물건	They		busy.	그들은 바쁘다.
	Tom and Mary		singers.	톰과 메리는 가수이다.
	My parents		teachers.	나의 부모는 선생님이다.
	Those		elephants.	그것들은 코끼리이다.
	Her dogs		cute.	그녀의 개는 귀엽다.
	These apples		sweet.	이 사과들은 달다.

* am, are, is는 'be동사'라고 하는 동사의 활용형으로 영어에는 두 가지 동사 형태가 있습니다. 하나는 위의 'be동사'이고, 다른 하나는 동작이나 작용, 상태를 나타내는 '일반동사'가 있습니다.

Be quiet!
조용히!

대명사의 변화

○ 단수(한 사람/하나)일 때

	~은(는)	~의	~을(를)	~의 것
나	I	my	me	mine
당신	you	your	you	yours
그	he	his	him	his
그녀	she	her	her	hers
그것	it	its	it	—

○ 복수(두 사람/두 개 이상)일 때

	~은(는)	~의	~을(를)	~의 것
우리들	we	our	us	ours
당신들	you	your	you	yours
그들 / 그녀들 / 그것들	they	their	them	theirs

참고

	~은(는)	~의	~을(를)	~의 것
Tom	Tom	Tom's	Tom	Tom's
Mary	Mary	Mary's	Mary	Mary's

* '~은(는)' 은 주격, '~의' 는 소유격, '~을(를)' 은 목적격, '~의 것' 은 소유대명사라고 합니다.

Whose pen is that?
저건 누구 펜이야?

It's mine.
내 것이야.

알파벳 필기체

Aa	*Bb*	*Cc*	*Dd*
에이	비-	씨-	디-
Ee	*Ff*	*Gg*	*Hh*
이-	에프	쥐-	에이취
Ii	*Jj*	*Kk*	*Ll*
아이	줴이	케이	엘
Mm	*Nn*	*Oo*	*Pp*
엠	엔	오우	피-
Qq	*Rr*	*Ss*	*Tt*
큐-	아알	에쓰	티-
Uu	*Vv*	*Ww*	*Xx*
유-	뷔-	더블유	엑스
Yy	*Zz*		
와이	즤-		